9월의 모든 역사

세계사

세계사

9月

9월의 모든 역사

● 이종하 지음

디오네

매일매일 일어난 사건이 역사가 된다

역사란 무엇일까. 우리는 왜 역사에 관심을 갖는 것일까.

이 책을 쓰는 내내 머릿속을 맴돌던 질문이다.

아널드 토인비는 역사를 도전과 응전의 개념으로 설명한 바 있다. 그 것은 인류사 전체를 아우르는 커다란 카테고리를 설명하기에는 더없이 좋은 개념이다. 그러나 미시적인 문제로 들어가면 이야기가 달라진다. 나일 강의 범람 때문에 이집트에서 태양력과 기하학, 건축술, 천문학이 발달하였다는 것은 도전과 응전으로 설명이 가능하지만, 예술사에서 보 이는 사조의 뒤섞임과 되돌림은 그런 논리만으로는 설명이 안 된다.

사실 역사란 무엇인가에 대한 관심은 대학 시절 야학 교사로 역사 과 목을 담당하면서 싹텄다. 교과서에 나와 있는 대로 강의를 하는 것은 죽 은 교육 같았다. 살아 있는 역사를 강의해야 한다는 생각에 늘 고민이 깊었다. 야학이 문을 닫은 후에 뿌리역사문화연구회를 만든 것도 그런 고민을 해결하지 못했기 때문이다.

약 10년간 뿌리역사문화연구회를 이끌면서 '어린이와 청소년을 위한 교실 밖 역사 여행' '어린이 역사 탐험대'를 만들어 현장에서 어린이와 청소년을 만났다. 책으로 배우는 역사와 유적지의 냄새를 맡으며 배우 는 역사는 느낌이 전혀 달랐다. 불이학교 등의 대안학교에서 한국사 강 의를 맡았을 때도 그런 느낌은 피부로 와 닿았다.

그렇다고 역사를 현장에서만 접해야 한다는 것은 아니다. 역사 자체는 어차피 관념 속에 있는 것이며, 그것이 우리에게 구체적으로 구현되는 것은 기록을 통해서이기 때문이다. 역사는 과거이며, 그 과거는 기록으로 존재한다. 그러나 현재에 펼쳐진 과거의 기록은 현재를 해석하는 도구이고, 결국 미래를 향한다.

이 책은 매일매일 일어난 사건이 역사가 된다는 사실에 기초하여, 1월 1일부터 12월 31일까지 일어난 중요한 사건들을 날짜별로 기록한 것이다. 사건의 중요도에 따라 집필 분량을 달리하였으며, 『1월의 모든 역사 – 한국사』『1월의 모든 역사 – 세계사』처럼 매월 한국사와 세계사로 구분하였다. 1월부터 12월까지 총 24권에 걸쳐 국내외에서 일어난 중요한 역사적 사실들을 흥미진진하게 담았다.

이 책에 나와 있는 날짜는 태양력을 기준으로 하였다. 음력으로 기록된 사건이나 고대의 기록은 모두 현재 사용하는 태양력을 기준으로 환산하여 기술하였다. 고대나 중세의 사건 가운데에는 날짜가 불명확한 것도 존재한다. 그것들은 학계의 정설과 다수설에 따라 기술했음을 밝힌다.

수년에 걸친 작업이었지만 막상 책으로 엮으니 어설픈 부분이 적지 않게 눈에 들어온다. 앞으로 그것들은 차차 보완을 거쳐 이 시리즈만으로도 인류 역사의 대부분을 일견할 수 있도록 만들고 싶다.

이 책을 쓰다 보니 매일매일을 성실하게 노력하며 살아야겠다는 생각이 든다. 매일매일의 사건이 결국 역사가 되기 때문이다.

이종하

9月

9月

9月

9월의
모든 역사

9월 1일

■
·
■

1939년 9월 1일

독일의 폴란드 침공으로
제2차 세계 대전이 일어나다

"아시다시피 우리 독일은 좀 더 넓은 생활권을 확보해야 할 필요가 있습니다. 하지만 무력으로 침공하지 않는 이상 그것은 불가능하다는 것을 잘 알고 있을 것입니다. 결국 동방 진출, 이 길밖에 없습니다. 이번에는 체코처럼 쉽게 안 될 것입니다. 진짜로 총을 쏴야 할 것입니다."

-히틀러의 연설, 1939년 5월 주요 지휘관 회의에서

"어젯밤 폴란드의 정규군이 우리나라를 향해 포탄을 퍼부었다. 우리도 오
전 5시 45분부터 반격을 시작했다. 앞으로 포탄에 대해서는 포탄으로 대
응할 것이다."

독일 나치당의 총통 아돌프 히틀러(Adolf Hitler : 1889~1945)는 1939
년 9월 1일 의회에 나가 전쟁 개시를 보고하였다.

하지만 독일의 폴란드 공격은 계획된 사기극이었다. 전쟁 하루 전인
8월 31일, '통조림'이라는 암호명이 붙은 작전이 은밀히 수행되었다. 히
틀러의 명령을 받은 친위 부대원들이 폴란드 군복을 입힌 독일인 죄수
13명을 독일 국경 지역에서 사살한 것이다. 히틀러는 날조된 폴란드의
독일 침공을 구실로 이날 폴란드를 침략하였다.

독일은 폴란드에 '전격전電擊戰'이라는 전술을 구사하였다. 이것은 공
군의 엄호하에 수많은 탱크를 중심으로 한 기계화 부대를 투입하여 적
을 빠르게 정복하는 전술을 뜻한다.

영국의 전략가들이 개발한 것이지만 '독일 기갑 군단의 아버지' 하인
츠 구데리안(Heinz Wilhelm Guderian : 1888~1954)의 건의를 받은 히틀러
가 처음으로 실전에 활용하였다.

9월 1일 새벽, 독일의 JU-87 슈투카 폭격기가 폴란드의 바르샤바로
향했고, 또 한 무리의 폭격기가 동프러시아 국경 지역 리츠바르크에 주
둔하고 있던 폴란드 군대를 폭격하였다. 새벽에 영문도 모른 채 군인들
이 죽어갔고, 살아 있는 군인들은 폭탄이 떨어지면서 나는 기괴한 사이
렌 소리에 죽음의 공포를 느꼈다. 비록 폴란드에도 전투기가 있었으나
폭격으로 이륙도 못한 채 파괴되었다.

폭격기가 지나간 뒤 잠시 무서운 침묵이 흘렀다. 그리고 어디선가 다

시 지축을 흔드는 소리가 들렸다. 독일 육군이 서서히 모습을 나타낸 것이다. 오토바이를 앞세운 육중한 독일의 전차 부대에 의해 폴란드군은 간단히 제압당하였다.

지상과 공중에서뿐만 아니라 해상에서도 독일군의 공격은 이어졌다. 폴란드 침공이 시작되기 수일 전에 친선 관계를 다진다는 명목으로 독일 해군의 훈련함 '홀시타인호'가 폴란드 단치히 항구를 방문하고 있었다.

그런데 9월 1일 해가 어둠을 물리칠 무렵, 홀시타인호의 280mm 포신에서 해안 요새를 향해 포화가 뿜어졌다. 항구를 지키던 폴란드의 해안 방어선은 뜻하지 않은 기습에 무너져 버렸다.

한편 소련은 9월 17일 폴란드에 선전포고를 하고 동쪽 국경선을 넘어왔다. 히틀러가 이오시프 스탈린(Iosif Vissarionovich Stalin : 1879~1953) 소련 공산당 서기장에게 폴란드를 떼어 주겠다고 말한 독소 불가침 조약에 따른 것이다.

이틀 후 소련군과 독일군은 서로의 안부를 묻고 우의를 나누었다. 이들은 2주 동안 전투를 계속하여 9월 27일 수도 바르샤바를 함락시켰다. 그리고 10월 5일에 전쟁이 완전히 끝났다. 독일 침공 후 폴란드는 겨우 한 달 만에 굴복한 것이었다.

독일이 폴란드를 침공한 직접적인 이유는 독일에게 강요한 베르사유 체제 때문이다. 제1차 세계 대전이 끝난 1919년 6월 28일에 체결된 베르사유 조약으로 패전국 독일은 알자스와 로렌을 프랑스에, 북부 슐레스비히를 덴마크에, 포센과 서프로이센 대부분을 폴란드에 양도하였다.

이외에도 비행기와 잠수함을 보유하지 못하는 극도의 군비 축소가 이루어졌다. 또한 감당하기 힘든 배상금과 전쟁을 일으킨 범죄 국가라는 비난도 받아들여야 했다.

베르사유 조약으로 독일은 모든 식민지와, 인구의 15%, 유럽 영토의 10%를 잃었다. 히틀러는 전승국들의 일방적이고 강제적인 처리는 받아들일 수 없는 것이라고 독일 국민들에게 선전하였고, 이에 독일 국민들은 히틀러를 지지하였다.

히틀러는 베르사유 조약으로 만들어진 국제 질서인 베르사유 체제를 타파하고 독일의 생활권을 보장한다는 명목으로 외교와 군비 확충에 노력하였다.

결국 독일은 소련과 불가침 조약을 맺은 지 1주일 만에 '빼앗긴 땅'인 폴란드를 침공하였고, 전 세계는 제1차 세계 대전이 끝난 지 21년 만에 제2차 세계 대전의 혼란 속으로 빠져들었다.

* 1939년 8월 23일 '독일과 소련, 상호 불가침 조약 체결' 참조
* 1939년 8월 31일 '폴란드 글라이비츠 방송국 습격 사건 발생' 참조

1969년 9월 1일

리비아의 카다피, 쿠데타로 집권

"카다피는 매우 친절하지만 누구든 그가 화낼 때 두려워하면 절교를 선언하고 맙니다. 그는 항상 신 이외에 어느 누구도 두려워해서는 안 된다고 말합니다."

-모하메드 즈와이, 카다피의 친구

무아마르 알 카다피(Muammar al- Qaddafi : 1942~2011)는 1942년 리비아의 미수라타에서 태어났다. 당시 리비아는 이탈리아의 식민지로 세계 대전의 전쟁터였다.

그는 어린 시절부터 민족정신을 기르고 외세에 투쟁해야 한다는 교육을 받았다. 청소년 시절에는 이집트 가말 압델 나세르(Gamal Abdel Nasser : 1918~1970) 대통령이 주창하는 민족주의적인 통일 운동을 지지하였다.

이후 카다피는 서양 세력과 결탁한 왕정을 무너뜨리고 혁명을 이루기 위해 1961년에 학생 운동을 주도하기도 하였다. 하지만 군대의 지지가 없으면 혁명이 쉽지 않다는 것을 깨닫고 1965년에 리비아 육군 사관 학교를 졸업하였다. 그리고 비밀 군사 조직인 '자유 통일 장교단'을 만들어 혁명을 준비했다.

그리고 1969년 9월 1일 국왕 이드리스 1세(Idris Ⅰ: 1889~1983)가 중동 제국을 방문하고 있는 사이에 '9월 혁명'을 일으켜 공화국을 세웠다. 이때 카다피의 나이는 27세였으며, 각료들의 평균 연령은 25세였다. 가장 젊은 정부가 수립된 것이다.

집권 후 카다피는 리비아를 이슬람 사회주의 형태로 운영하였으며, 대외적으로는 아랍 민족의 독립과 해방을 주장하였다. 또한 서구 문명을 몰아내기 위해 펩시콜라의 간판을 치워 버렸고, 미국과 영국의 군사 기지를 철수시켰다.

카다피는 1979년에 전국 인민 회의 서기장에서 물러났으나, '혁명 지도자'라는 칭호를 사용하면서 사실상 리비아의 지도자로 존재하였다. 그리고 '세계의 계급화에 반대한다'고 주장하면서도, 2003년 12월에 핵무기 등 대량살상무기WMD의 포기를 선언함으로써 현실적으로 세계 질서에 따르는 모습도 보여 주었다.

하지만 인민 직접 민주주의라는 명분을 앞세워 의회제와 헌법을 폐지하고 석유 등 국가 기반 시설을 국유화하여 독재 권력을 강화했다.

결국 카다피는 2011년 2월 장기 집권과 철권 통지에 반발해 일어난 반反정부 시위로 권좌에서 물러났다. 이후 카다피는 시민군에게 체포돼 그해 10월 20일 사살되었다.

* 2011년 2월 15일 '리비아, 반정부 시위 시작' 참조
* 2011년 10월 20일 '리비아의 독재자 카다피 사망' 참조

2004년 9월 1일

러시아 연방 북오세티아 공화국, 베슬란 학교 인질 사태 발생

2004년 9월 1일 체첸 반군 지도자인 샤밀 바사예프(Shamil Basayev : 1965~2006)는 무장 괴한 17명을 이끌고 러시아 남서부에 위치한 북오세티아 공화국 베슬란 시市의 베슬란 제1학교를 기습하였다.

그곳에서 그들은 250여 명의 학생과 교사, 학부모들을 상대로 인질극을 벌였다.

일명 '베슬란 인질 사태'로 불리는 이 사건은 국제 테러 집단인 알 카에다의 체첸 지역 책임자인 아부 오마르 아세이프(Abu Omar al-Saif : 1968~2005)의 재정 지원을 받아 계획된 것이었다.

북오세티아 공화국은 체첸과 마찬가지로 자치 공화국 지위를 누리고

있는 이슬람 공화국이었다. 하지만 북오세티아에는 공항이 폐쇄된 체첸으로 접근하는 가장 용이한 교통로뿐만 아니라 러시아 공군 기지가 있었기 때문에 체첸 반군들은 이미 수차례 북오세티아를 대상으로 테러를 자행해 왔다.

인질 사태는 잠시 동안 대치 상태를 보이다가 9월 3일 체첸 무장 집단과 러시아 특수 부대 사이에 총격전이 벌어졌다. 그리고 마침내 특수 부대가 건물을 확보해 상황이 종료되었다.

하지만 이 총격전으로 인해 186명의 아이를 포함해 총 386명이 사망하고 700명 이상이 부상하는 대참사가 일어났다.

한편 범인 중 유일한 생존자인 누르파시 쿨라예프는 종신형을 선고받았다.

1626년 9월 1일

청나라 제2대 황제 홍타이지 즉위

홍타이지(皇太極 : 1592~1643)는 청나라 2대 황제인 태종太宗의 이름이다. 그는 태조인 누르하치(努爾哈赤 : 1559~1626)의 여덟 번째 아들로 태어났다.

1626년 태조가 죽자 홍타이지는 그해 9월 1일 후금後金의 칸汗으로 즉위하고 중국풍의 제도를 채용하기 시작했다. 그리고 만주인과 한인漢人 관계 등 국내의 융화를 꾀하였다.

그런 뒤에 그는 명나라를 정복하기 위해 주변국들을 침공하였다. 1635년 내몽골을 평정하면서 원의 마지막 칸 리그덴 호타그트에게서

대원전국大元傳國의 옥새를 얻은 것을 계기로 국호를 대청大淸이라 고쳤
다. 1636년에는 명나라를 숭상하고 청나라에 복종하지 않는 조선을 침
공하였다.

하지만 1641년에 중국 본토의 베이징北京을 방어하기 위한 중요한 전
략적 요충지인 산하이관山海關을 공격하였으나 실패하였다.

결국 홍타이지는 명나라를 정벌하지 못한 채 1643년 사망하였다.

—

1951년 9월 1일

미국 · 오스트레일리아 · 뉴질랜드,
태평양 안전 보장 조약 체결

—

1951년 9월 1일 오스트레일리아 · 뉴질랜드 · 미국은 태평양 안전 보
장 조약을 체결하였다. 이 조약은 오스트레일리아(A) · 뉴질랜드(NZ) ·
미국(US) 등 3개국의 무기한 집단 안전 보장 조약이다. 3개국의 머리글
자를 따서 앤저스 조약ANZUS Treaty이라고도 한다.

태평양 안전 보장 조약은 3개국 가운데 한 나라가 공격을 받으면 다
른 나라가 돕도록 규정하였다.

미국은 이 조약을 근거로 태평양 지역의 반공 블록을 세웠으며, 오스
트레일리아와 뉴질랜드는 미국의 안전 보장 체제 아래에서 자국의 방
위를 도모하였다.

9월의
모든 역사

9월 2일

■
．
■

―

기원전 31년 9월 2일

로마의 옥타비아누스, 이집트의 안토니우스를 맞아 악티움 해전에서 승리하다

―

이집트에서 따라온 점술가가 안토니우스에게 말했다.

"장군님의 별은 대단히 빛나고 아름답지만 옥타비아누스의 별 때문에 빛을 잃어가고 있습니다. 그러니 그와 멀리 떨어져야 합니다."

-플루타르코스, 『영웅전』

로마의 최고 권력자 율리우스 카이사르(Gaius Julius Caesar : B.C.
100~B.C. 44)가 기원전 44년에 암살되었다.

이후 카이사르의 양자였던 가이우스 옥타비아누스(Gaius Octavius :
B.C. 63~A.D. 14)는 기원전 43년에 카이사르의 충실한 부하였던 안토
니우스(Marcus Antonius : B.C. 82?~B.C. 30), 레피두스(Marcus Aemilius
Lepidus : ?~B.C. 13)와 함께 삼두 정치를 열었다.

이 중 세력이 가장 약했던 레피두스는 일찍부터 권력에서 멀어졌고,
옥타비아누스와 안토니우스가 자웅을 겨루었다. 옥타비아누스는 이탈
리아와 로마 제국의 서부를, 안토니우스는 소아시아와 이집트 지역을
통치하고 있었다.

안토니우스는 기원전 37년 이집트의 클레오파트라(Cleopatra : B.C.
69~B.C. 30) 여왕과 결혼하면서 오리엔트 지역에서 세력을 넓혔고, 옥
타비아누스는 로마의 민심을 수습하면서 기반을 굳혀 갔다.

기원전 32년 옥타비아누스는 원로원의 세력을 바탕으로 안토니우스
의 직권을 빼앗고 클레오파트라에게 선전포고를 하였다. 안토니우스는
코린트 만 입구에 위치한 악티움Actium에 진지를 구축했다.

기원전 31년 옥타비아누스는 안토니우스를 공격하기 위해 출정 준
비를 하였다. 그리고 3월에 군대를 이끌고 그리스로 건너갔다. 옥타비
아누스의 군대는 이집트의 육상 전력과는 비슷하였지만 해상 전력에서
는 뒤처졌다. 병사는 8만 명의 중무장 보병과 1만 2,000명의 기병이 있
었지만, 전투함은 소형선이 대부분인 함대 400척이었다.

이에 비해 안토니우스와 클레오파트라는 6만 5,000명의 중무장 보병
과 경무장 보병 2만 명, 1만 2,000명의 기병이 있었다. 그리고 520척에
이르는 전투함 중에는 5단층 갤리선을 포함한 대형선이 많았다.

두 진영은 수개월간 팽팽하게 대치하고 있었다. 그러던 기원전 31년 9월 2일 아침, 마침내 제국의 운명을 결정하는 해전이 벌어졌다. 이 해전은 옥타비아누스와 안토니우스의 대결로 볼 수 있지만, 공식적으로는 로마와 이집트의 전쟁이었다.

안토니우스는 크기와 수적인 우세를 바탕으로 적을 포위하려 했다. 그러자 옥타비아누스는 아그리파(Marcus Vipsanius Agrippa : B.C. 62~B.C. 12)에게 전권을 주고 지휘를 맡겼다. 아그리파 역시 적을 포위하는 전법을 구상했지만 이것이 바다에서는 힘들다는 것을 깨닫고 안토니우스 군대를 프레베자Preveza 만으로 몰아세우려고 했다.

아그리파는 함대를 3개로 나누어 자신이 좌익을 맡았다. 안토니우스도 함대를 3개로 나누었고 우익을 맡아 프레베자 만에서 배를 이끌고 나왔다. 이집트 함대는 예비 전대로 사용하였다. 드디어 서로 공격할 수 있는 거리까지 도착했다.

전투는 아그리파의 작은 배들이 큰 성과 같은 안토니우스의 큰 배를 공격하는 형세였다. 밀고 밀리는 형세 속에서 클레오파트라가 지휘하는 이집트 함대가 북풍을 이용해 아그리파의 함선들은 향해 돌진했다. 아그리파의 함선들은 돌진해 들어오는 이집트 함선을 피하여 그대로 통과하였다.

클레오파트라는 함대를 되돌리려고 하였으나, 바람이 워낙 심해서 제대로 대응할 수가 없었다. 이 상황을 지켜보던 안토니우스의 함대는 전세가 불리해졌다고 판단하여 클레오파트라의 함대를 뒤따라 이집트 쪽으로 도망치고 말았다. 결국 해전은 옥타비아누스의 승리로 끝났고 안토니우스와 클레오파트라는 파멸의 길로 접어들었다.

악티움 해전의 승리로 로마는 지중해 전부를 지배하게 되었고, 옥타비아누스는 로마의 권력을 잡고 아우구스투스Augustus라는 칭호를 받았다.

*** 기원전 63년 9월 23일 '로마의 초대 황제 아우구스투스 출생' 참조**

1969년 9월 2일

인터넷의 출현을 알린 아르파넷 등장

미국 MIT 대학 교수 리크라이더는 1962년 '은하 네트워크'라는 개념을 제
안하였다. 이것은 전 세계적으로 컴퓨터를 서로 연결시키는 구상으로 오
늘날의 인터넷 개념과 유사한 것이었다.

전 세계를 연결하는 글로벌 네트워크 중에 대표적인 것으로 인터넷,
비트넷, 유즈넷, 파이도넷 등이 있다. 이들은 라틴어로 '어머니'를 뜻하
는 연계망matrix을 이루고 있다.

이 중 인터넷Internet은 가장 거대하고 보편적인 네트워크이다. 처음에
인터넷은 군사적인 목적에서 개발되었다. 미국과 소련 간에 냉전이 한
창이었던 1960년대, 미국에서는 언제 일어날지 모르는 핵전쟁에 대한
공포로 불안해 하고 있었다.

당시 미군은 회선 교환 방식으로는 통신망이 끊겨 작전 수행을 못하
게 되는 상황이 올 수도 있다는 판단을 하였다. 이에 국방부의 고등 연
구 계획국ARPA은 1967년에 회선 교환 방식이 아닌 패킷 교환 방식의 아
르파넷ARPAnet 계획을 발표하였다.

패킷 교환packet switching 방식은 전송하는 자료를 일정한 단위 길이로 구

분하여 전송하는 통신 방식이다. 따라서 통신망의 일부가 끊겨도 서로 거미줄처럼 연결되어 있어 다른 회선을 찾아 통신을 할 수 있는 것이다.

이후 아르파넷을 만들기 위해 여러 기관들이 구체적으로 작업을 시행하여 1968년에 아르파넷의 기본 구조와 사양이 확정되었다. 그리고 모든 준비를 마친 1969년 9월 2일 UCLA의 네트워크 측정 센터, 스탠포드 연구소, UC 산타바바라, 유타 대학교 등 4개의 호스트 컴퓨터가 연결되면서 아르파넷이 시작되었다.

그 후 아르파넷에 연결되는 컴퓨터가 늘어나면서 1971년에는 23개 호스트 컴퓨터가 연결되었다. 이들 연구소들은 파일 교환뿐만 아니라 전자 우편E-mail, 메시지 리스트, 파일링 등 다양한 기능들을 개발하였다.

E-mail은 1972년 3월에 레이 톰린슨(Raymond Samuel Tomlinson : 1941~)이 개발한 기본적인 송수신 프로그램이다. 그는 실험을 위해 'Testing 1-2-3'이라는 최초의 E-mail 메시지를 보냈다.

아르파넷을 사용하는 사람들이 많아지자 미국 국방부는 사용을 제한하기 시작했다. 그래서 1981년에는 비트넷, 유즈넷 같은 네트워크가 만들어졌으며, 유럽에서도 비슷한 개념의 통신망들이 생겨났다.

하지만 이들 통신망들끼리 정보를 교환할 때 장애가 발생하자, 1980년 초 미국 국방부는 호스트들을 서로 연결시키는 데 사용되는 통신 규칙protocol TCP/IP를 제정하였다.

TCP/IPtransmission control protocol-internet protocol는 1983년 1월에 공식적인 기본 프로토콜로 정해져 오늘날 전 세계의 표준 프로토콜이 되었고, 이 프로토콜을 사용하는 정보통신망을 인터넷이라고 부른다.

* 1993년 4월 22일 '인터넷에 혁명을 가져온 웹브라우저, 모자이크 탄생' 참조

—

1945년 9월 2일

일본, 미주리 함상에서 항복 문서에 조인

—

미국의 폭격기 에놀라게이가 1945년 8월 6일 일본 히로시마에 원자 폭탄을 떨어뜨렸다. 결국 일본의 히로히토 천황은 8월 15일 항복 선언을 하였다.

그 후 17일 만인 9월 2일에 일본 외무대신 마모루 시게미쓰(重光葵 : 1887~1957)를 비롯한 일본군 수뇌부는 동경 만에 정박해 있는 미 군함 미주리함에 도착하여 연합군 최고 사령관인 더글러스 맥아더(Douglas MacArthur : 1880~1964) 앞에서 항복 문서에 서명했다.

이로써 1941년 12월 일본의 진주만 공격으로 시작된 태평양 전쟁과 함께 제2차 세계 대전은 끝을 맺었다.

* 1941년 12월 7일 '일본의 진주만 공격으로 태평양 전쟁이 시작되다' 참조
* 1945년 8월 6일 '미국, 일본 히로시마에 최초의 원자폭탄을 투하하다' 참조
* 1945년 8월 15일 '일본의 히로히토 천황, 항복 선언을 하다' 참조

9월의
모든 역사

9월 3일

■
■
■

1783년 9월 3일

영국, 파리 조약으로 미국의 독립을 승인하다

"우리 연대는 롱아일랜드로 향하라는 명령을 받았다. 우리가 도착
했을 때에는 영국군들이 우리 병사들을 강으로 몰아붙이고 있었다.
우리는 강으로 들어가 많은 시체들을 끌어냈고, 강바닥에 가라앉은
무기들을 건져 냈다."

-롱아일랜드 전투에 참가한 한 병사의 수기

미국의 독립 전쟁은 영국 정부의 가혹한 정치에 대한 항의에서 시작되었다. 영국은 식민지에서 원료를 싸게 구입하려 하였고, 본국의 산업 보호를 위해 미국 식민지 내 산업을 제한하였다. 특히 1767년에 타운센드법을 통과시켜 차 · 종이 · 유리 등에 세금을 매긴다고 공포하여 식민지인들의 거센 항의를 받았다.

1770년에는 보스턴의 영국 관리들이 시위를 하던 식민지인들에게 발포하는 사건이 있었고, 1773년 12월에는 '보스턴 차 사건'이 일어났다. 이것은 아메리카 독립 전쟁의 발단으로 이어졌다. 식민지인들은 연락 위원회를 활용하여 혁명 조직의 기반을 만들었다.

1774년 9월에는 식민지 대표들이 필라델피아에 모여 제1회 대륙 회의를 개최하고 영국 의회의 식민지 입법권 부정 · 영국 상품의 보이콧 등이 포함된 식민지 주민의 권리를 선언하였다. 그리고 1775년 4월 보스턴 근처의 렉싱턴과 콩코드에서 식민지 병사들과 영국 군인들이 전투를 벌임으로써 본격적인 독립 전쟁이 시작되었다.

이어 식민지 대표들은 제2회 대륙 회의에서 조지 워싱턴(George Washington : 1732~1799)을 총사령관으로 임명하고, 1776년 7월 4일 '연합한 식민지들은 자유롭고 독립된 국가'라는 독립 선언서를 공포했다.

또한 독립 전쟁은 1777년 사라토가 전투를 고비로 독립군에게 유리하게 진행되었다. 특히 7년 전쟁에서 영국에게 패한 프랑스가 1778년 식민지 쪽에 가담하였고, 스페인과 네덜란드도 프랑스를 뒤따랐다.

마침내 식민지군은 1781년에 영국군을 격퇴하여 전쟁에서 승리하였다. 이어 1783년 9월 3일 프랑스의 중재로 영국과 아메리카 식민지 사이에 파리 조약이 체결되면서 전쟁이 끝났다.

이 조약으로 아메리카 식민지 13개 주가 독립을 얻었고 새로운 나라

미합중국이 탄생하게 됐다.

　이후 미합중국은 1787년 필라델피아에서 헌법 회의를 열고 연방 헌법을 제정하였고, 프랑스·스페인·멕시코 등으로부터 영토를 획득하여 1848년경 거의 지금과 같은 대륙 국가로 발전하였다.

* 1773년 12월 16일 '보스턴 차 사건 발생' 참조
* 1775년 4월 19일 '미국 독립 전쟁 콩코드 전투가 시작되다' 참조
* 1776년 7월 4일 '미국, 필라델피아에서 독립 선언을 하다' 참조

1943년 9월 3일

이탈리아, 미국 등 연합군에게 항복 선언

1939년 9월 1일 독일이 폴란드를 기습해서 점령함으로써 제2차 세계 대전이 발발하였다.

　이에 이탈리아의 국가 파시스트당 당수 베니토 무솔리니(Benito Andrea Amilcare Mussolini : 1883~1945)는 그동안 속국 비슷한 지위에 있던 알바니아를 완전히 식민지화해 버렸다. 그리고 이듬해인 1940년 여름에는 뒤늦게 전쟁에 참전해서 프랑스의 일부를 점령하였다.

　또한 알바니아 주둔군을 동원해서 그리스를 공격해 들어갔다. 그러나 이탈리아군은 영국군의 공군력에 장악당해 오히려 파파고스 장군이 지휘하는 그리스군에게 패배를 당하였다.

　그러다 1941년 봄에는 이집트를 점령하기 위해 에티오피아 주둔군을 동원해서 이집트로 출병하였다. 하지만 21만 명의 이탈리아군은,

1882년 이집트에 진출한 이래 60여 년 동안 사막에서 작전 경험을 쌓은 영국군의 노련함을 당해내지 못하고 참패를 당하였다.

결국 파시스트 정부에 대한 이탈리아 국민들의 반감이 고조되던 1943년 7월 9일, 영국과 미국의 연합군은 이탈리아 본토인 시칠리아 섬을 공격하여 점령하였다.

이때 이탈리아 본토에서는 국왕을 중심으로 하는 군부와 보수 세력이 무솔리니를 감금하고 이탈리아군 참모총장인 피에트로 바돌리오(Pietro Badoglio : 1871~1956)를 수상으로 임명하여 내각을 성립시켰다.

바돌리오 수상은 즉각 영 · 미 연합군과 교섭을 개시하여 9월 3일 항복 문서에 서명하였다.

* 1939년 9월 1일 '독일의 폴란드 침공으로 제2차 세계 대전이 일어나다' 참조
* 1945년 4월 28일 '이탈리아의 독재자 무솔리니가 처형되다' 참조

—

1971년 9월 3일

카타르, 영국으로부터 독립

—

아라비아 반도의 동부 페르시아 만에 위치한 카타르는 2세기 때 그리스의 지리학자 프톨레마이오스(Klaudios Ptolemaeos : 85?~165?)가 만든 지도에 '카타라'라는 국명이 등장했을 정도로 유서가 깊다.

이후의 역사 기록은 거의 남아 있지 않지만, 18세기 중반에 알-타니Al-Thani 가문이 이곳을 점령하였다. 그리고 지금의 바레인 통치자 알-칼리파Al-Khalifa 가문은 북서부의 주바라Zubara를 지배하였다.

두 가문의 대결 속에서 카타르의 첫 번째 토후인 알-타니 에미르는 19세기 중반 도하에 수도를 세우고 자신의 위치를 강화하기 위해 1868년 영국과 조약을 체결하였다. 이에 영국은 1916년에 카타르를 영국의 보호령으로 삼았다.

제2차 세계 대전 후에 영국은 1971년 말까지 카타르에서 철수한다고 발표하였다. 카타르는 바레인과 함께 동맹국을 이루려고 하였으나 실패로 돌아가 결국 1971년 9월 3일에 단독으로 독립을 선포하였다.

이후 카타르는 1973년에 걸프 만의 북부 가스전이 개발되면서 연간 7,700만의 천연액화가스를 생산하는 세계 최대의 천연가스 생산국이 되었다. 이를 바탕으로 카타르는 2011년 1인당 국내총생산이 세계 3위를 기록할 정도로 부유하게 되었다.

2012년 현재 카타르는 우리나라 경기도 정도의 면적과 인구 169만 명이 살고 있는 작지만 강한 나라로 위치를 다지고 있다.

—

1833년 9월 3일

미국의 페니 페이퍼 「선」 창간

—

19세기 이전까지 신문은 부자들만 사 볼 수 있을 만큼 비쌌다. 하지만 19세기에 접어들면서 미국 · 영국 · 프랑스 등에서 신문의 대중화가 시작되었다.

그에 따라 1833년 9월 3일 미국 뉴욕 신문의 조판공 출신인 벤자민 데이(Benjamin Day : 1810~1889)는 1부에 1페니하는 염가 신문(페니 페이퍼) 「선The Sun」을 창간하였다. 이전의 신문들은 값이 6~25페니였던 것에 비해 파격적인 가격이었다.

더군다나 「선」은 정치에 관한 뉴스 위주에서 벗어나 사회적 사건들을 재미나게 다룸으로써 대중들로부터 큰 호응을 얻었다. 이어 다른 여러 신문들도 이런 방식을 도용함으로써 다양한 염가 신문들이 크게 유행하였다.

「선」은 또한 처음으로 신문 배달원을 고용하기도 하였다. 신문 대중화에 공헌이 컸던 이 신문은 1967년에 폐간되었다.

9월의
모든 역사

9월 4일

■
·
■

1909년 9월 4일

청나라와 일본, 간도 협약을 체결하다

제1조, 청 · 일 두 나라는 도문강圖們江이 조선과 청의 국경임을 서로 확인한다. 강원 지방에 있어서는 정계비를 기점으로 하여 석을수石乙水로써 양국의 경계로 한다.

제3조, 청은 도문강 이북의 간지에 조선인 거주를 승인한다.

제6조, 청은 장차 길장 철도를 연장하여 조선의 회령에서 조선 철도와 연결하여야 한다.

-간도 협약

보통 '간도 협약'이라고 하는 「간도에 관한 청일 조약」이 1904년 9월 4일 청나라의 수도 베이징에서 체결되었다.

전문前文과 7개조로 되어 있는 이 조약에 따르면 조선과 청나라 두 나라 의 국경선은 압록강-정계비-석을수로 확정되었으며, 백두산 천지도 중국 영토가 되었다. 이 조약이 특이한 점은 간도가 중국에 속한다고 했음에도 불구하고 재판권을 제외한 조선인의 거주권, 토지 소유권, 자유 왕래권 같 은 생활상의 권리가 전과 다름없이 보장되고 있다는 것이다.

간도 지역은 두만강 건너편의 동간도와 압록강 건너편의 서간도로 나뉘고 있으며, 조선과 청나라 간에 일어나는 영유권 분쟁은 동간도 지 역에서 시작된 것이다.

러일 전쟁에서 승리한 일본은 1905년 을사조약을 체결하여 대한제 국의 외교권을 박탈해 갔다. 이 때문에 대한제국은 1906년 10월에 통 감으로 온 이토 히로부미(伊藤博文 : 1841~ 1909)에게 간도에 있는 조선 인의 보호를 요청하였다.

그래서 일본은 1907년 간도에 통감부 간도 파출소를 설치하고, 청에 게는 베이징에 있는 일본 공사를 통해 조선인의 생명과 안전을 보호하 기 위해 일본이 관리를 파견한다는 내용을 전달하였다.

그리고 청국 정부와 일본 공사는 1907년 8월부터 간도 협약이 체결 된 1909년까지, 2년 동안 베이징에서 회담을 가졌다. 일본은 처음에는 간도가 대한제국의 영토라고 주장하였다. 그러나 일본은 청나라와의 회담이 대립만 계속되고 성과가 보이지 않자 대륙 침략 정책의 차원에 서 간도 문제를 고려하기 시작했다.

일본이 관심을 가진 것은 만주 지역 전체에 관한 문제로, 1909년 2월 에 '동삼성육안東三省六安'을 내놓았다. 동삼성육안은 만주 지방이라고 부

르는 청나라 동부의 3개 성, 즉 헤이룽장黑龍江 성 · 지린吉林 성 · 랴오닝遼
寧 성에 관한 6개 안건이라는 말이다.

6개 안건으로는 ① 만주 철도의 병행선인 신민둔新民屯-법고문法庫門의
신법 철도 부지권 문제 ② 대석교大石橋-영구營口 간의 지선 문제 ③ 경봉
京奉 철도를 펑톈奉天 성 밑까지 연장하는 문제 ④ 무순撫順 및 연대煙臺 탄
광의 채굴권 문제 ⑤ 안봉선安奉線 연안의 광무鑛務 문제 ⑥ 간도귀속권
문제 등이었다.

이것은 일본이 만주의 일부분에 불과한 간도를 청나라에 넘겨주더
라도, 유리한 회담 결과를 얻어내면 이익이라는 계산된 제안이었다. 즉
이것을 빌미 삼아 만주 지역 전체에 필요한 인원과 장비를 투입하고,
다시 이들을 보호하기 위한 군대를 합법적으로 투입할 수 있게 되는 것
이었다.

청은 일본의 의도를 알았지만 그해 9월 4일 간도 협약을 체결하였고
일본으로부터 다음과 같은 양보를 얻어냈다.

① 간도 영유권 문제를 완전히 포기한다.
② 두만강의 역사적 명칭은 청의 주장과 같이 도문강으로 한다.
③ 도문강을 국경으로 한 결과, 백두산 정계비와 그 상류 지역을 연결하기
　위하여 석을수를 국경으로 한다.
④ 간도 한인은 청의 법권에 복속시키고, 청 지방관의 재판 관할에 종속시
　킨다.

이상과 같은 조건으로 맺어진 간도 협약에 따라 간도는 2012년 현재
중국 연변조선족 자치주로 되어 있다.

하지만 우리나라에서는 간도 협약의 무효를 주장하고 있다. 2004년
에는 여야 의원 59명이 간도 협약 95주년을 맞아 '일본은 간도 협약을
통해 청으로부터 만주 철도 부설권과 석탄 채굴권 등의 이권을 얻는 대
신 간도에 대한 영유권을 포기했다. 하지만 일제가 자국 영토도 아닌
조선의 간도 땅을 임의로 청에 넘겨준 것은 국제법상 효력이 없다.'는
결의안을 제출하였다.

1870년 9월 4일

프랑스 제3공화정 수립

1870년 7월 프랑스는 프로이센과의 전쟁, 일명 보불 전쟁을 벌였으
나 패배하였다. 이에 프랑스 공화파들은 제2제정 황제였던 나폴레옹 3
세(Charles Louis Napoleon Bonaparte : 1808~1873)를 내쫓고 그해 9월 4
일 아돌프 티에르(Marie Joseph Louis Adolphe Thiers : 1797~1877)를 임시
수반으로 하는 제3공화정을 수립했다.

티에리는 이듬해인 1871년에 결성된 자치적 사회주의 정권인 파리
코뮌을 진압하였고, 또한 함정 정비에 대한 계획을 세워 해군을 더욱
강하게 만들었다.

하지만 공화정의 앞날이 그리 순탄치는 않았다. 왜냐하면, 국민 의
회에서 왕당파가 압도적으로 우세했기 때문이다. 왕당파가 절대 다수
의 의석을 차지한 국민 의회는 임시 정부의 수반 티에르를 몰아내고,
왕당파의 파트리스 모리스 드 막마옹(Patrice Maurice de Mac-Mahon :
1808~1893)을 새로운 대통령으로 추대했다.

파트리스 대통령은 제3공화정의 '1875년 헌법l'amendement Wallon'을 성립시켰다. 이 헌법의 특색은 '삼권 분립'의 기초 위에 2원제 의회 정치를 확립시킨 데 있다. 또한 이 헌법에서 최초로 의원 내각제가 명문화되어 행정권과 관리 임면권이 내각에 위임되었다.

1879년부터는 공화주의자들이 재기하고, 왕당파가 몰락하면서 「마르세예즈」가 프랑스 국가로 결정되고, 혁명 기념일인 7월 14일이 국경일이 되었다. 이때부터 제3공화정의 프랑스는 대大혁명의 정신을 본격적으로 부활시켰다.

그러나 1914년에 시작된 제1차 세계 대전으로 국토가 전장戰場이 되면서부터는 끝내 전쟁 전의 여유를 회복하지 못하였다. 1930년대에는 정쟁이 격화하여 의회주의의 위기설까지 나돌았다.

1940년 6월, 독일군의 진격을 받아서 파리가 함락된 뒤 휴전 조약을 체결하고 필립 페탱(Henri Philippe Benoni Omer Joseph Pétain : 1856~1951)의 비시 정부가 성립함으로써 제3공화정은 종말을 고하였다.

그리고 1944년 연합군의 공격으로 파리가 탈환되자 뱅상 오리올(Vincent Auriol : 1884~1966)에 의해 제4공화정이 시작되었다.

* 1870년 7월 19일 '보불 전쟁이 발발하다' 참조

* 1871년 3월 18일 '프랑스, 파리 코뮌 결성' 참조

* 1871년 5월 21일 '프랑스 제3공화정, 파리 코뮌을 진압하다' 참조

1965년 9월 4일

독일의 알베르트 슈바이처 사망

알베르트 슈바이처(Albert Schweitzer : 1875~1965)는 1875년 1월 14일 독일 알자스 카이저스베르크에서 출생하였다.

그는 1894년에 스트라스부르크 대학교에 입학하여 신학과 철학을 공부했고 졸업 후에는 칸트의 종교 철학에 관한 연구로 철학 박사 학위를 취득하였다.

하지만 프랑스 선교단의 보고서를 통해 아프리카의 흑인들이 의사가 없어 고통을 당한다는 사실을 알고, 30세였던 1905년부터 모교 의학부의 청강생으로 의학을 공부하기 시작하였다.

그리고 1913년 의학 박사가 된 후 사회 활동가였던 헬레네 브레슬라우와 결혼하면서 부인과 함께 프랑스령 적도아프리카로 건너갔다. 그는 가봉 오고웨 강변의 랑바레네Lambarene에 정착하여 의료 봉사 활동을 전개하였다.

제1차 세계 대전 때인 1917년 독일인이라는 이유로 강제로 본국에 송환되었고 이에 따라 그의 병원도 폐쇄되었다. 이후 슈바이처는 스트라스부르크 민간 병원에서 의사로 근무하면서 철학, 신학 관련 강연을 하였다. 또한 1921년에는 아프리카 생활을 회상하며『물과 원시림 사이에서』를 출판하였다.

이로 인해 그의 의료 봉사 활동은 점차 주목을 끌게 되었다. 1924년 랑바레네로 가서 활동을 재개할 무렵부터 그는 '20세기의 성자' '최고의 휴머니스트' '인류애의 화신' 등으로 불리며 사람들의 존경을 받았다.

7년 만에 되돌아간 그곳에서 슈바이처는 온갖 어려움을 무릅쓰고 큰 병원을 설립하였다. 제2차 세계 대전 중에도 슈바이처는 유럽으로 돌아가지 않고 아프리카에서 전도와 진료에 전념하였다. 그는 1952년에 노벨평화상을 수상하였는데, 그 상금으로 나환자촌을 세웠다.

또한 슈바이처는 정치적인 발언을 거의 하지 않았지만 1950년대 이후의 말년에는 견해 표명을 자주 했다. 그래서 1957년 버트런드 러셀(Bertrand Arthur William Russell : 1872~1970), 1962년 케네디(John Fitzgerald Kennedy : 1917~1963) 대통령에게 보낸 편지 등에서는 핵실험 반대 입장을 분명히 나타내기도 했다.

그는 90세의 생일이 지난 후부터 건강이 나빠졌고 1965년 9월 4일 아프리카 랑바레네에서 전 세계인의 애도 속에 사망하였다.

* 1875년 1월 14일 '밀림의 성자 슈바이처 출생' 참조
* 1955년 7월 9일 '러셀, 아인슈타인 등 세계의 저명한 지식인 11명이 퍼그워시 성명을 발표하다' 참조

9월의
모든 역사

9월 5일

1972년 9월 5일

팔레스타인의 테러리스트 검은 9월단, 뮌헨 올림픽 선수촌을 습격하다

"팔레스티나가 공존을 원하지 않는다면, 우리 유대인들 또한 그들과 공존해야 할 의무는 어디에도 없습니다."

-영화 「뮌헨」의 대사

　서독 뮌헨에서 제20회 올림픽이 열리던 1972년 9월 5일 새벽, 팔레
스타인 해방기구PLO 소속의 테러 단체 '검은 9월단Black September' 테러리
스트 8명이 올림픽 선수촌에 잠입해 이스라엘 선수들이 묵고 있는 숙
소를 습격하였다. 이들은 현장에서 코치 2명을 사살하고, 9명을 인질로
잡았다.

　'검은 9월'이란 아랍 게릴라가 1970년 9월 요르단 정부군의 토벌 작전
으로 큰 타격을 받은 요르단 내란의 시기를 뜻한다. 그해 11월, 4명의 아
랍 게릴라가 요르단의 탈 총리를 카이로의 한 호텔에서 암살하면서 자기
들 조직을 스스로 '검은 9월단'이라 부른 데서 유래하였다. 이들은 PLO
가운데 알파타에서 분리된 가장 과격한 무장 조직으로 알려졌다.

　이들은 인질 석방 조건으로 이스라엘에 억류 중인 팔레스타인 정
치범 234명의 석방과 서독에 수감 중이던 적군파 지도자 안드레아스
바더(Andreas Baader : 1943~1977)와 울리케 마인호프(Ulrike Meinhof :
1934~1976)의 석방을 요구하였다. 또한 이집트 카이로까지 안전하게
가도록 서독 정부에 탈출용 비행기를 요구했다.

　이에 이스라엘 정부는 협상을 거부했다. 뿐만 아니라 서독 정부에 자
신들이 직접 해결하겠다며 이스라엘 특수 부대를 보내겠다고 제안했
다. 하지만 서독 정부는 나머지 인질들의 안전을 고려하여 테러리스트
들의 요구 조건을 수용하였다.

　그래서 그날 밤 10시 10분, 인질범들과 인질들은 뮌헨 근처 퓌르스
텐펠트브룩 공군 기지로 가기 위해 준비된 2대의 헬리콥터를 타러 갔
다. 그때 공항 관제탑 지붕에 배치된 독일군 저격수 3명이 테러리스트
들에게 총격을 가했다. 그러나 이 저격은 실패하였고 결국 서독 특수
부대 요원과 테러리스트들 간에 총격전이 벌어졌다.

이 과정에서 인질 전원과 서독 특수 부대 요원 1명이 숨졌다. 테러리스트 측은 5명이 사망하였고, 3명이 생포되었다.

이 사건으로 '평화의 제전' 뮌헨 올림픽은 피로 물들었다. 충격에 빠진 이스라엘은 올림픽의 완전한 중지를 요구하였다. 하지만 IOC 위원장이었던 에버리 브런디지(Avery Brundage : 1887~1975)가 "대회는 계속 돼야 한다."고 강력하게 주장해 사건 발생 34시간 만에 대회는 속개됐다.

결국 선수단을 철수한 이스라엘은 즉각 피의 보복을 감행했고, 이것은 이듬해 10월에 발생한 제4차 중동 전쟁의 불씨가 되었다.

이후 서방 세계에서는 대테러 전담 전문 부대를 창설하기 시작하였고, 2006년에는 미국의 영화감독 스티븐 스필버그가 이 사건을 바탕으로 영화 「뮌헨」을 제작하기도 하였다.

한편 검은 9월단은 그해 12월 28일 태국의 이스라엘 대사관 습격 사건 등을 벌이는 등 이후에도 테러 활동을 멈추지 않았다.

* 1973년 10월 6일 '이스라엘과 아랍 간의 제4차 중동 전쟁이 시작되다' 참조

1916년 9월 5일

현대 영화의 아버지 그리피스의 「편협」, 처음으로 상영

"그는 이 영화를 통해 통속적인 이야기가 숭고한 것이 될 수 있음을, 일상적인 요소들이 웅장한 것으로 승화될 수 있음을 보여 주고 있다."

-끌로르 베리, 프랑스 영화감독

영화평론가들은 미국의 영화감독 데이비드 그리피스(David Llewelyn Wark Griffith : 1875~1948)가 「국가의 탄생The Birth of a Nation」을 발표한 1914년을 원시 영화가 고전 영화로 탈바꿈한 해라고 말한다.

그리고 1916년 9월 5일에 처음으로 상영된 「편협Intolerance」은 그리피스를 영화 예술의 아버지라고 부르게 했다. 이 영화에는 고대 바빌로니아, 예수의 생애, 중세 바솔로뮤 축일의 학살, 20세기의 고민하는 미국 젊은이들의 이야기가 동시에 등장하고 있다.

고대에서 현대로, 오리엔트에서 미국으로 흐르는 역사를 보여 준 이 작품은 당시 200만 달러를 들인 대작이었지만 흥행에는 참패하였다. 그러나 그의 실험 정신은 다음 세대 영화인에게 방향을 제시해 주었다. 단순히 연극을 모방하는 듯했던 영화가 상영 시간과 공간, 스토리, 영화제작 기술의 제약을 벗어나기 시작했던 것이다.

1997년 9월 5일

테레사 수녀, 생을 마감하다

아프도록 사랑하면 아픔은 없고 더 큰 사랑만이 있습니다.

-마더 테레사

1997년 3월, 인도 출신의 마리아 니르말라 수녀(Sister Nirmala : 1934~)가 '사랑의 선교 수녀회' 새 총장으로 선출되었다. 1989년 12월에 사랑의 선교 수녀회를 이끌던 '살아 있는 성녀' 테레사 수녀(Mother Teresa : 1910~1997)가 현기증으로 쓰러진 지 8년 만이었다.

그리고 그해 9월 5일 밤, 가난하고 병든 사람들을 위한 자선 활동에 평생을 바친 테레사 수녀는 인도 캘커타에서 심장마비로 사망했다.

사랑회 선교 수녀회는 정문 밖에 커다란 종을 매달고 '마더 테레사가 예수님 품으로 돌아가다'는 플래카드를 내걸어 수녀의 타계를 알렸다. 2003년 10월에 교황 요한 바오로 2세(John Paul Ⅱ : 1920~2005)는 마더 테레사에게 '캘커타의 복녀 테레사'라는 호칭을 시복하였다.

9월 13일 테레사의 장례식은 구즈랄 인도 총리, 힐러리 클린턴 미국 대통령 부인을 비롯하여 20개국 조문 사절 등 모두 1만 2,000여 명이 참석한 가운데 캘커타에서 인도국장으로 엄숙히 거행됐으며 150만 명의 추모객들이 길에 꽃을 뿌리며 그녀와 작별을 고했다.

테레사의 유해는 그녀가 평생을 몸 바친 선교 수녀회 1층 방 한 귀퉁이에 안장됐다.

* 1910년 8월 27일 '마더 테레사 출생' 참조
* 1997년 3월 13일 '인도의 니르말라 수녀, 테레사의 뒤를 이어 수녀원장으로 지명' 참조

9월의
모든 역사

9월 6일

1914년 9월 6일

독일군, 연합군과 마른 전투를 개시하다

제1차 세계 대전이 일어나기 전, 당시 독일 참모 총장이었던 슐리
펜은 러시아를 공격하기 이전에 프랑스를 먼저 점령하자는 슐리펜
계획을 세워다. 이 계획은 독일이 러시아·프랑스와 전쟁을 벌일
경우, 두 나라와의 전쟁에서 승리하기 위한 방법을 제시한 것이다.

　제1차 세계 대전은 1914년 6월 28일 보스니아의 학생 가브릴로 프린 치프(Gavrilo Princip : 1894~1918)가 오스트리아 제위 계승자인 페르디난 트 황태자 부부를 저격하면서 시작되었다.

　프랑스는 독일에 선전포고를 하였고, 독일은 전 참모 총장 알프레드 슐리펜(Alfred Graf von Schlieffen : 1833~1913)이 세운 슐리펜 계획Schlieffen Plan에 따라 전쟁을 수행하였다.

　이 계획은 러시아가 군대를 동원하는 데 6~8주일이 걸릴 것이므로 동부 전선에 소규모 병력만 남겨놓고, 독일군의 대다수 병력을 프랑스 와 대치하고 있는 서부 전선에 배치한다는 계획이었다.

　그래서 벨기에와 프랑스 북부 지방을 먼저 휩쓴 다음, 산지가 많아 대규모 부대가 빠른 속도로 이동할 수 없는 프랑스 남부를 나중에 공격 하자는 것이었다. 그렇게 되면 남쪽으로 우회한 독일군과 합세해 프랑 스군을 포위 공격할 수 있었다.

　그해 8월 3일 독일의 참모 총장 헬무트 폰 몰트케(Helmuth Karl Bernhard von Moltke : 1800~1891)는 벨기에로의 공격 명령을 내렸다. 벨 기에의 반격은 강했지만 독일의 곡사포에는 견디지 못하였다.

　그런데 러시아가 8월 20일에 독일군을 공격하고 3개 군단을 쳐부수 었다. 슐리펜이 예상했던 것보다 러시아의 공격이 훨씬 빨랐던 것이다. 몰트케는 서부 전선에서 2개 군단을 빼내 급히 동부 전선으로 보냈다. 슐리펜 계획이 무너지는 순간이었다. 2개 군단이 동부 전선으로 옮겨가 자 프랑스를 남북으로 포위하려던 독일군의 포위력이 약화되었다.

　이 사실을 간파한 프랑스의 참모 총장 조제프 조프르(Joseph Jacques Césaire Joffre : 1852~1931)는 역습을 감행하기로 결정했다. 9월 6일 아침 마 른Marne 강에 주둔하고 있던 프랑스 미셸 모누리(Michel-Joseph Maunoury :

1847~1923) 장군이 이끄는 제6군이 독일군을 공격하여 마른 전투가 시작되었다. 프랑스군의 지휘를 받고 있던 영국군도 이에 합세하였다.

이에 영국군과 프랑스군이 계속 후퇴하리라 믿고 있던 독일군은 당황하기 시작하였다. 영불군의 총반격을 받은 독일 1군과 2군은 병력 부족으로 연락이 끊겨 그 간격이 50km까지 벌어지고 말았다.

이때 룩셈부르크에 있던 헨츄 중령이 몰트케 참모 총장을 대신해 마른 전선에 파견되었다. 그는 1군과 2군 사이에 50km 간격이 생긴 것을 무척 위험하게 보고 만일 1군과 2군 사이에 적군이 침입한다면 곧 철수할 것을 건의하였다.

결국 영불 연합군이 1군과 2군 사이를 공격하기 시작하였고, 앞선 건의에 따라 독일 1군과 2군은 퇴각하였다. 이것은 연이어 3, 4, 5군의 퇴각을 불가피하게 하였다. 그래서 9월 11일까지 서부 전선의 독일군 7개 군 중 5개 군은 엔 강까지 철수하였고, 결국 독일의 슐리펜 계획은 좌절되었다.

이후 독일군은 참호전에 들어가 서부 전선은 3년 동안 교착 상태에 들어갔다.

* 1914년 6월 28일 '오스트리아 페르디난드 황태자 부부, 사라예보에서 암살되다' 참조

1952년 9월 6일

세계 저작권 협약 성립

1952년 9월 6일 스위스 제네바에서 열린 국제 회의에서 세계 저작권 협약ucc이 성립되었다. 국제연합un 전문기구 중 하나인 유네스코의 주장으로 성립된 것이어서 유네스코 조약이라고도 한다.

국가 간의 저작권 보호에 관한 방식에는 두 가지가 있어 왔다. 하나는 저작권의 발생 및 행사에 일정한 방식, 예를 들면 등록 · 저작권 표시 · 납본 등의 이행을 요건으로 하는 방식주의이다. 이는 미국의 저작권법과 남미 국가들 간의 범아메리카 조약 등에 의한 것이었다.

또 하나는 그 어떠한 방식이나 절차가 없어도 일단 저작물이 창작되면 당연히 저작권을 취득하는 것이 된다는 무방식주의이다. 이는 유럽을 비롯하여 아시아 · 아프리카 제국의 베른 조약에 따른 것이었다. 베른 조약은 문학적 · 예술적 저작물의 저작자 권리를 보호하기 위해 1886년 9월 스위스 베른에서 체결되었다.

하지만 이들 두 가지 방식의 국가들 간에 저작권 보호 상에 마찰이 있게 되었다. 이를 해소하기 위해 유네스코의 주도 아래 세계 저작권 협약이 성립된 것이었다. 특히 이 협약은 베른 협약에 가입하지 않는 미국 · 소련 · 중국 등과 같은 나라를 중점에 두고 체결되었다.

이 협약은 상호주의 원칙에 따라 그 가입국들의 저작권을 보호하기 위해, ⓒ라는 저작권 표시 기호를 저작물에 표기하면 무방식주의 국가들의 저작물이 방식주의 국가들에서도 아무런 방식을 요함이 없이 그 저작권이 보호되도록 하였다.

이 협약은 1955년 9월 16일 발효되었고, 1971년 7월 파리 회의에서 그 일부가 개정되어 현재에 이르고 있다.

1976년 9월 6일

소련의 빅토르 벨렌코 망명 사건 발생

1976년 9월 6일 소련 방공군 소속의 빅토르 이바노비치 벨렌코 중위가 MiG-25 전투기를 타고 블라디보스토크 근처의 공군 기지에서 이륙하였다. 그는 훈련 공역으로 향하던 도중 갑자기 예상 경로를 이탈해 일본 쪽으로 빠르게 진입했다.

이것을 일본의 레이더가 오후 1시 30분 경 포착하여 F-4EJ 전투기가 요격을 위해 긴급 발진하였다. 이어 항공자위대는 지상의 레이더 기지와 공중의 F-4EJ로 MiG-25기를 수색했으나, 벨렌코 중위가 몰던 MiG-25는 시야에서 사라졌다.

1시 50분경, 다시 레이더 상에 나타난 MiG-25는 홋카이도 상공을 3번 주회하고 일본 하코다테시 공항에 착륙했다. 그는 비행석에서 내리자마자 즉각 미국으로의 망명을 요구하였다.

이에 소련은 기체의 즉각 반환을 요구했으나 미국과 일본은 MiG-25를 분해해 기체를 면밀히 검사한 다음, 11월에 반환하였다.

한편 벨렌코의 망명 이유에 대해서는 여러 가지 설 중에서 열악한 근무 환경과 소련 고위직의 딸이었던 아내와의 불화라는 설이 가장 유력하다.

벨렌코는 망명 후 소련의 보복을 의식해 거주지와 이름을 수시로 바

꾸었다. 그리고 1983년 우리나라의 대한항공 격추 사건 때에는 소련의
암호 해독에 도움을 주었으며 이외에도 여러 형태로 미국 CIA에 협력
하였다.

2012년 현재 그는 미국 아이오와 주의 민간 항공 비행사에서 항공
엔지니어 및 항공 이벤트 컨설턴트로 일하고 있다.

9월의
모든 역사

9월 7일

■
．
■

1303년 9월 7일

유럽 교회 분열의 원인이 된
아나니 사건이 발생하다

'만약 지상의 권세가 바른 길에서 이탈하면 영적 권세에 의해 심판
을 받는다. (중략) 모든 인간이 로마 교황에게 종속된다고 믿는 것,
이것을 우리는 구원을 얻는 데 반드시 필요하다고 주장하고 말하
고 정의하고 선언하는 바이다.'

-교황 보니파시오 8세, 「우남상탐Unam Sanctam」

교황 보니파시오 8세(Bonifatius VIII : 1235?~1303)는 1302년 11월 프랑스왕 필리프 4세(Philippe Ⅳ : 1268~1314)에게 「우남상탐」이라는 칙서를 보냈다. 이 문서에서 교황은 영적 권력이 세속 권력보다 높다는, 즉 교황이 군주들보다 우월하다는 교황수위권을 주장하였다.

중세까지 크리스트교의 정신적인 지배자인 교황의 권위는 세속의 왕들보다 우월했다. 그러나 교회 성직자들의 부패와 세속화, 십자군 원정(1096~1270)의 변질과 실패로 교황권은 그레고리오 7세(Gregorius Ⅶ : 1020~1085) 이후로 세속의 권력자인 왕권에 밀리기 시작했다.

지식인들은 교황을 비판하기 시작하였으며, 왕을 중심으로 한 영역 국가가 형성되기 시작했다. 교황 보니파시오 8세는 실추된 교황의 권위를 회복하려고 하였다. 하지만 세속의 사람들은 교황뿐만 아니라 봉건 영주와 왕에게도 충성을 바쳤고, 교황은 이러한 흐름을 파악하지 못했다.

1294년 교황이 된 보니파시오 8세는 프랑스의 주교 한 사람을 반역죄로 재판하겠다는 필리프 4세와 맞서 논쟁을 벌이게 되었다. 하지만 이 문제의 핵심은 교황권과 세속권 중 어느 것이 더 우위에 있느냐 하는 것이었다.

왕은 교황의 동의 없이 세금을 부과하려 했고, 교황은 이에 반대하여 1296년에 「클레리키스 라이코스Clericis Laicos」, 1301년에 「아우스쿨타 필리Ausculta Fili」, 그리고 1302년에 「우남상탐」을 발표함으로써 왕을 공격하였다.

그러나 교황이 세속의 권력에 관여할 수 없다는 반론이 제시되었다. 프랑스의 장Jean이라는 학자는 교황은 도덕적 범죄에 대해서 처벌할 권한이 있으나 그것은 영적으로 처벌할 수 있는 것이고, 사형과 징역형을 부과할 권한은 없다고 주장하였다. 논쟁은 왕에게 유리하게 이루어졌고 교황의 주장은 설득력을 잃었다.

그러자 필리프 4세는 오히려 교황에게 터무니없이 이단이라는 혐의를 걸었다. 그리고 로마에서 교황과 대립하고 있던 코론나 가문과 모의하여 1303년 9월 7일 아나니에서 교황을 급습하여 체포하였다. 교황은 아나니 시민들의 도움으로 간신히 탈출하였지만 몇 달 후에 사망하였다.

이 사건 이후 교황의 권위는 더욱 떨어져, 교황이 파리에 머무는 아비뇽 유수(1309~1377)와 '교회 분열Schisma'의 원인이 되었다.

1987년 9월 7일

동독공산당 서기장 호네커, 분단 후 처음으로 서독 방문

서독의 빌리 브란트(Willy Brandt : 1913~1992) 총리가 동방 정책Ostpolitik을 추진하면서 동서독 간의 교류가 활발해지기 시작했다.

이후 동서독은 1972년대부터 1987년까지 약 15년간 34차례의 협상을 통해 과학 · 기술 · 문화 · 환경 등에 관한 협력 체계를 세웠다. 이로 인해 동서독 민간인의 교류가 활발해졌다.

1982년에는 서독 총리인 헬무트 슈미트(Helmut Schmidt : 1918~)가 동독을 방문하였다. 이에 동독공산당 서기장 에리히 호네커(Erich Honecker : 1912~1994)는 슈미트 총리가 동독을 방문한 지 5년 만인 1987년 9월 7일부터 11일까지 서독을 방문하였다.

동독공산당 서기장이 서독을 방문한 것은 1949년에 동서독에 각각의 정부가 수립된 이후 처음 있는 일이었다. 호네커 서기장은 헬무트 총리와 세 차례 정상회담을 갖고 독일을 평화적으로 통일할 방안에 대해 의견을 나눴다. 이 방문으로 동서독 통일의 일대 전기가 마련되었다.

호네커의 서독 방문 2년 뒤인 1989년 11월 베를린 장벽이 붕괴되었고 이듬해 10월 역사적인 독일 통일이 이루어졌다.

* 1949년 5월 23일 '독일 연방 공화국 수립' 참조
* 1949년 10월 7일 '독일 민주 공화국 수립' 참조
* 1989년 11월 9일 '베를린 장벽이 붕괴되다' 참조
* 1990년 10월 3일 '독일이 통일되다' 참조

1921년 9월 7일

제1회 미스 아메리카 선발 대회 개최

해변 산책가로 유명한 미국 동부 애틀랜틱시티의 한 신문사 직원이 자신이 일하고 있던 신문사에 '수영복 미인 대회'를 열자는 제안을 했다. 더위를 피해 온 관광객들을 더욱 오래 붙잡아 둘 요량이었던 것이다.

이 제안이 받아들여져 1921년 9월 7일 젊은 여성 8명이 참가한 가운데 제1회 미스 아메리카 선발 대회가 열렸다. 화려한 수영복을 입은 미인들은 피서객들의 귀가를 막았다.

키 155cm, 몸무게 49kg의 마거릿 고먼(Margaret Gorman : 1905~1995)이 1위를 차지하며, 대회는 성공리에 마무리되었다. 젊은 여성들이 자극적인 수영복 차림으로 퍼레이드를 한다는 비난에도 불구하고, 이듬해에는 57개 도시에서 지역 예선이 열릴 정도로 인기를 얻었다.

　이후 당시 막 일기 시작한 영화 붐과 맞물려 1920, 1930년대 미국 전역에서는 수천 개의 미인 대회가 우후죽순으로 생겨났다. 미인 대회 입상은 영화에 출연할 기회가 주어지는 성공을 약속하는 마술 열쇠였기 때문이었다.

　그 후 텔레비전의 등장과 함께 미스 아메리카 선발 대회는 최고 인기 연례 프로그램으로 자리 잡았다.

9월의
모든 역사

9월 8일

■
■
■

1380년 9월 8일

러시아, 쿨리코보 전투에서 킵차크한국을 격파하다

-작자 미상, 쿨리코보 전투에서 마마이와 맞서 싸우는 드미트리

　13세기 몽골의 칭기즈 칸(Chingiz Khan : 1155?~1227)은 그의 군대를 이끌고 나가 중국을 포함한 유라시아 대륙과 이슬람 세계 그리고 동유럽을 휩쓸었다.

　서방 원정에서 승리하고 돌아온 칭기즈 칸은 영토를 그의 여러 아들과 동생들에게 각각 분할 통치하게 하였다. 특히 맏아들 주치(Juchi : 1177?~1227)에게는 카스피 해海와 아랄 해 북방의 영토, 즉 남南러시아의 킵차크 초원 지대를 분할하여 주었다. 이것은 후에 킵차크한국-汗國이 되었다.

　킵차크한국의 시조 주치는 인근에 위치한 러시아의 공국들을 함락시키고 100여 년 동안이나 다스렸다. 하지만 14세기 후반부터 킵차크한국 내부에서 세력 다툼이 일어나 분열이 시작되었다.

　러시아 공국들 중 특히 모스크바 공국은 이 기회를 놓치지 않았다. 이반 2세의 뒤를 이어 대공이 된 드미트리 돈스코이(DmitriiIvanovich Donskoi : 1350~1389)는 1378년에 킵차크한국의 마마이 칸(Mamai Khan : ?~1380)을 상대로 보자Vozha 강 기슭에서 전투를 벌여 승리하였다. 킵차크한국을 상대로 한 러시아인들의 첫 번째 승리였다.

　그러자 러시아인 사이에 더 이상 몽골족의 지배를 받을 수 없다는 열망이 높아졌고, 사기가 한껏 오른 모스크바 공국은 그동안 몽골족에게 바쳐오던 공납을 거부하며 도전장을 던졌다.

　이에 화가 난 마마이는 땅에 떨어진 위신을 다시 찾고자 리투아니아 공국과 군사 동맹을 맺어 러시아 침공을 시도하였다. 그리하여 마마이는 리투아니아의 야기엘로 장군과 돈 강 상류 지대에서 만나기 위해 40만 명의 대군을 이끌고 출발하였다. 이 소식을 들은 드미트리는 주변 여러 공국에게 지원군을 요청하여 15만 명의 군사를 모아 돈 강으로 향하였다.

마침내 양측은 돈 강 상류의 대평원인 쿨리코보에서 만나게 되었다. 쿨리코보는 네프라드 강에서 돈 강으로 흘러드는 곳으로, 개울들이 곳곳에 가로놓여 있는 구릉이었다. 이것은 수적으로 열세인 러시아인들이 몽골족 기병대를 효과적으로 저지하기 위해 선택한 지형이었다. 몽골족은 이러한 지형 탓에 쉽게 러시아 병사들의 진지를 포위하지 못하였다.

이에 드미트리는 공격 대형을 갖추기 시작하였다. 주력 부대는 중앙에 두고 300여 명으로 전방 혼란조를 편성하여 배치하였으며, 좌우에는 엄호 부대와 매복 부대를 이중으로 배치하였다. 또한 위치상으로는 주력 부대 뒤편에 돈 강과 네프라드 강이 흐르고 있어서 자연스럽게 방어벽이 구축되었다.

새벽안개가 걷히자 몽골의 군대가 보이기 시작하였다. 양측은 그동안 그들이 싸웠던 규칙대로 처음에는 대표급 장수를 내보내 대결하였다. 두 사람은 창과 방패를 들고 서로를 향해 말을 달렸다. 그러나 커다란 비명소리와 함께 두 장수는 말에서 떨어져 둘 다 죽었다.

그러자 몽골 병사들이 먼저 러시아의 주력 부대를 공격하였다. 양측은 마치 소나기가 내리듯 격렬하게 화살을 쏘아댔고 적을 찔러대는 창은 신속하게 움직였다. 피를 흘리며 쓰러져 가는 병사들의 모습이 계속 늘어났다. 그런데 시간이 지나자 러시아군의 전열이 흩어지기 시작하였고 이에 몽골 병사들은 러시아군의 좌측 진영을 공격하였다. 러시아의 엄호 부대가 뒤로 물러서자 몽골 병사들은 러시아군의 뒤를 강타하였다.

하지만 이때 드미트리는 계획했던 대로 러시아의 매복 부대를 공격시켰다. 이에 놀란 몽골 병사들은 겁에 질려 뿔뿔이 도망치기 시작하였다. 러시아군은 몽골군을 크라시바야메차 강까지 몰아냈다. 거기에서 비록 러시아군 4만 명이 죽었지만 그 덕분에 10만 명이 넘는 몽골군을 섬멸할 수 있었다. 1380년 9월 8일의 일이었다.

드미트리는 승리의 기쁨과 환희 속에 모스크바로 돌아와 주민들의 열렬한 환영을 받았다. 이후에 러시아인들은 이날의 승리를 기념하며 드미트리를 돈 강의 이름을 빌려 '드미트리 돈스코이'라 칭하였다. 한편 킵차크한국의 마마이는 도망하였다가 제노바인들에 의해 피살되었다.

그러나 러시아가 몽골의 지배로부터 완전히 벗어난 것은 아니었다. 불과 2년 후인 1382년에 몽골족의 새로운 지도자 토크타미쉬는 모스크바를 공격해 2만 4,000여 명의 주민을 학살하고, 주변 지역까지 쑥대밭으로 만들었다.

따라서 드미트리는 몽골족의 칸을 대군주로 모시는 것을 받아들일 수밖에 없었고, 대신에 몽골족은 드미트리를 러시아의 대공으로 승인하였다.

—

1951년 9월 8일

미국과 일본, 평화 조약과 안전 보장 조약에 조인

—

국제 연합 헌장은 모든 국가가 개별적 · 집단적 자위권을 가질 것을 승인하고 있기에, 일본국은 방위를 위한 조치로서 일본국에 대한 무력 공격을 저지하기 위해, 일본 국내 및 그 부근에 미합중국이 그 군대를 유지할 것을 희망한다.

　　　　　　　　　　　　　　　　　　-1951년 '미 · 일 안전 보장 조약 전문前文'

미국과 소련을 중심으로 한 냉전이 진행되고 한국전쟁이 격화되는 가운데, 미국은 일본을 자기 진영으로 끌어들이기 위해 노력했다. 이때 일본의 지식인·학생·사회당·노동조합 등 혁신 세력들은 미국뿐 아니라 소련과 중국을 포함시킨 전면적인 평화 조약을 맺으라고 주장하였다.

그래서 일본의 요시다 내각은 1951년 9월 8일 미국 샌프란시스코에서 소련을 제외한 48개국과 평화 조약에 조인하였다. 이른바 '샌프란시스코 강화 조약'이다. 일본은 이 조약을 체결함으로써 주권을 회복하였다. 이날 서명된 조약은 1952년 4월 28일에 정식으로 발효되었다.

한편 평화 조약과 함께 일본은 이날 미국과 안전 보장 조약, 일명 미일 안보 조약을 맺었다. 이 조약은 군사 동맹의 하나로 일본에게 불리한 불평등 조약이었으므로 일본에서는 국회 비준을 놓고 사회당의 심한 반발에 부딪혔었다.

이후 일본은 1960년 6월에 미군의 개입·제3국에 기지 대여 시 미국의 동의가 있어야 한다는 조항을 제외시켜 개정된 미·일 안전 보장 조약을 맺었다.

* 1952년 4월 28일 '샌프란시스코 강화 조약 발효로 연합군의 일본 점령이 끝나다' 참조

—

1954년 9월 8일

동남아시아 방위 조약 기구, 마닐라에서 조인

—

동남아시아 방위 조약 기구SEATO는 동남아시아의 지역적 집단 안전 보장을 목적으로 설립된 것으로, 미국 정부가 적극 지원해 형성된 반反공산주의 군사 블록이다. 1954년 9월 8일 필리핀 마닐라에서 조인되었다.

그러나 북대서양 조약 기구NATO와는 다르게 집단 방위에 대한 분명한 규정이 없었고 통합된 군대나 지휘 체계에 대해서도 아무런 언급이 없었다.

또한 이 기구에는 미국을 포함하여 8개국이 참여하였지만 아시아에서는 필리핀 · 태국 · 파키스탄 등 3개국만이 참가하여 동남아시아 국가들의 큰 관심을 끌지 못했다.

결국 SEATO는 베트남 전쟁, 냉전의 해체, 중국의 유엔 가입 등의 영향으로 1977년 6월 30일에 정식으로 해체되었다.

한편 동남아시아의 지역 협력 기구로 1961년에는 동남아시아 연합ASA이 설립되었다. 이어 이 연합을 더욱 발전시켜 1967년 8월 8일 태국 · 말레이시아 · 필리핀 · 인도네시아 · 싱가포르 등 5개국 외무장관들이 방콕 선언에 공동으로 서명하면서 동남아시아 국가연합ASEAN이 결성되었다.

* 1967년 8월 8일 '동남아시아 국가연합이 결성되다' 참조

9월의
모든 역사

9월 9일

■
■
■

1828년 9월 9일

러시아의 소설가 톨스토이가 태어나다

한 사람이 자신의 죄를 스스로 인정한다는 것은 괴로운 일이다. 하
지만 그런 인정만이 스스로 죄에서 해방될 수 있는 길이다. 밤이 없
다면 햇볕이 주는 기쁨을 알 수 없는 것처럼, 죄가 없다면 정의의
기쁨을 알 수 없는 것이다.

-톨스토이, 『마음의 문을 여는 지혜』

레프 니콜라예비치 톨스토이(Lev Nikolayevich Tolstoy : 1828~1910)는 1828년 9월 9일 명문 백작 집안의 아들로 야스나야 폴랴나에서 태어났다. 하지만 그는 2세 때 어머니를, 9세 때 아버지를 여의고 숙모의 품에서 자랐다.

톨스토이는 16세 때 카잔 대학교에 지원해 떨어졌다가 그해 가을에 있었던 시험에 다시 지원하여 겨우 붙었다. 하지만 전공한 오리엔트어나 법학에서 큰 흥미를 느끼지 못했으며 성적도 특별하지 않았다. 카잔에서 톨스토이는 귀족 가문의 아이들과 사귀었지만, 잘 생기지 못한 외모와 신사답지 않은 서툰 행동으로 인기를 끌지 못했다.

여자들에게 인기가 없던 그는 이렇게 말했다.

"나는 잘생긴 외모로 칭찬받는 것을 경멸하였고, 모든 신경을 긴장시켜 고독 속에서 위로를 발견하고자 하였다."

그는 카잔 대학교 시절부터 일기를 쓰기 시작했는데 성적 욕구 때문에 무척 힘들어 했다. 그 덕분에 성병에 걸려 병원에 다닐 정도였지만, 마음속에는 항상 그런 자신에게 죄책감을 느끼고 있었다. 결국 톨스토이는 1847년 재산으로 물려받은 땅이 있는 고향으로 돌아갔다.

그곳에서 톨스토이는 자신의 영지에서 일하는 농노들의 생활을 도와주어야겠다는 생각을 했다. 그러나 농민들은 어린 영주를 다른 계층의 사람으로 보았고 그의 계획에도 따르지 않았다. 결국 톨스토이 나름의 이상주의는 현실에서 실현되지 않았다.

절망적인 삶을 잊어버리고 새로운 삶을 시작하려던 톨스토이의 계획은 수포로 돌아갔고, 결국 이듬해인 1848년에 모스크바로 돌아가 또다시 방탕한 생활에 빠졌다. 노름으로 빚에 쪼들리자 또다시 죄책감에 시 달렸다. 그나마 다행인 것은 그가 모스크바에 있을 때 작가가 되겠다는 꿈을 세우고 어린 시절에 대한 글을 써보겠다는 생각을 한 것이다.

1851년에 다시 고향으로 돌아온 톨스토이는 군에서 휴가 나온 형의 권유를 받아 이듬해 사관후보생으로 입대하였다. 그는 깨진 희망, 죄의 식, 불만족들을 군대 생활로 바꾸고자 했다.

1852년 군인이 된 톨스토이는 산악지대의 체첸인들과 벌인 전투에 서 무공을 세웠지만 그의 갈등은 계속되었다. 술판과 노름 그리고 여자 들에게 넘어가는 자신에 괴로워했다. 마음속에 있는 도덕 검열자가 계 속 그를 감시했던 것이다.

그가 군대에 있던 1852년에 처녀작인 『유년 시절』을 다른 이름으로 발표하였다. 자서전적인 이 작품은 신선하고 정확한 묘사로 어린 시절 의 추억을 뛰어나게 재현하였다는 호평을 받았다. 여기에 큰 자신감을 얻은 톨스토이는 문학의 길로 접어들기로 결심했다. 1855년 10월 24일 일기에 이렇게 썼다.

나의 인생은 글에 달렸다. 쓰고 또 쓰리라. 내일부터 나는 평생 글을 쓸 것 이며, 그렇게 하지 못하면 모든 종교며, 예의범절이며 생활규칙을 내던져 버리리라.

톨스토이는 이듬해에 군에서 제대하였다. 1857년 10월에 존경하던 톨스타야 백작 부인에게 보낸 편지를 보면 다음과 같다.

'제대로 살기 위해서는 스스로 싸우고 투쟁하며 실수를 해야 하며, 시작해

보고 포기하며, 새로 시작하고 포기하고, 항상 싸워가며 스스로를 공격해
야 하는 것입니다. 평화와 평강은 비열함 외에 아무것도 아닙니다.'

톨스토이는 1863년 35세에 『카자흐 사람들』을 발표하였는데, 프랑스
작가 로맹 롤랑(Romain Rolland : 1866~1944)은 이 작품에 대해 "톨스토
이의 작품 중에서 가장 뛰어난 서정적인 소설의 하나이며, 청춘의 노래
이며, 카프카스의 시이다."라고 칭송하였다.

1864년에 톨스토이는 나폴레옹의 러시아 침입을 배경으로 한 『전쟁
과 평화』를 구상하였다. 이 작품은 톨스토이의 대표작일 뿐만 아니라,
19세기 모든 소설계의 기념탑이라는 평가를 받고 있다. 1875년에는 이
와 비슷한 평가를 받은 『안나 카레니나』를 발표하였다.

1879년에는 러시아 국교가 아닌 성령부정파 교도를 미국으로 보낼
비용을 마련하기 위해 『부활』을 쓰기 시작하여 20년 만인 1899년에 완
성하였다.

하지만 톨스토이는 가정에서 부인과 많은 충돌이 있었다. 결국 1910
년 11월에 집을 나와 기차 여행을 하던 중 폐렴에 걸려 82세를 일기로
사망하였다.

1087년 9월 9일

영국 노르망디 왕조의 개창자 윌리엄 1세 사망

"우리가 생존하는 길은 프랑스 왕국과 철저히 좋은 관계를 유지하는 데 있
다. 네가 프랑스 신하라는 사실을 잊지 말라. 내가 개종하였듯이 너 또한
그들의 종교인 기독교를 믿도록 해라."

-롤로가 후손에게 남긴 말

청동기 시대 영국에는 켈트족이 들어와 원주민을 제압하고 게일인이
북부에, 브리튼인이 남부에 거주하였다. 이들은 1세기에 로마제국의 속
주로 편입되어 그들의 지배 아래 들어갔다.

그러나 5세기 무렵 로마제국이 게르만족의 대이동으로 무너진 후,
영국은 게르만족의 앵글족, 색슨족, 유트족에게 점령당했다. 이들은 9
세기에 노르만 덴Danes족의 침입을 맞기도 하였으나 알프레드(Alfred the
Great : 849~899) 왕을 중심으로 강력한 연맹체를 이루었다.

11세기가 되자 다시 덴족이 침입하여 영국은 덴마크 왕 카누트의 지
배를 받았다. 영국은 카누트가 죽은 뒤 후계자를 둘러싼 혼란 속에 빠
졌고, 알프레드 왕의 계통인 에드워드가 후계자가 되었다.

하지만 에드워드(Edward the Confessor : 1003~1066) 왕이 후계자 없
이 죽자 대大세력가인 해럴드가 왕이 되었다. 그런데 노르망디 공公 윌
리엄은 에드워드 왕이 친척인 자신에게 왕위를 물려주겠다는 약속을
했다는 이유로 해럴드를 공격하였다.

윌리엄의 아버지는 로베르 1세(Robert I : 1011~1076)로 노르망디 공

국公國의 영주였다. 노르망디 공국은 프랑스 왕 샤를 3세(Charles Ⅲ : 879~929)가 노르웨이 바이킹의 우두머리 롤로에게 센 강 하류 유역의 땅을 주고 노르망디 공公으로 임명하면서 세워졌다. 사실상의 독립된 나라였다.

로베르 1세는 독실한 기독교 신자로 예루살렘 순례를 떠나기 전 아들을 후계자로 임명하였다. 윌리엄은 1035년 프랑스 왕 앙리 1세(Henri Ⅰ : 1008~1060)와 노르만 귀족들에게 노르망디 공으로서 인정을 받았다. 1047년에는 프랑스 왕의 도움을 받아 자신의 반대 세력을 격파하였고, 1052년에는 플랑드르 공국 보두앵 5세(Baudouin Ⅴ : ?~ 1067)의 딸과 결혼하였다. 이 결혼에서 로마 교황 레오 9세(Leo Ⅸ : 1002~1054)의 반대가 있었지만 결국 허락을 받았고, 윌리엄은 캉에 수도원을 지어 교황에게 감사의 표시를 했다.

한편, 에드워드가 영국의 왕이 되자 윌리엄은 에드워드에게 충성을 맹세하고 주종 관계를 맺었고, 에드워드는 윌리엄을 후계자로 삼았다. 그런데 1066년 에드워드가 죽은 뒤 해럴드가 영국의 왕으로 추대되었다는 소식이 들리자 윌리엄은 전쟁을 준비했다.

그리고 1066년 9월 27일 윌리엄은 바다를 건너 영국을 공격하기 위해 배를 띄웠다. 다음 날 아침, 윌리엄의 군대는 영국 남동부 해안에 도착하였다. 해럴드는 얼마 전에 있었던 반란을 겨우 막았는데 윌리엄의 공격으로 또다시 군대를 출동시켜야 했다.

해럴드는 헤이스팅스에 진을 쳤고 전투는 10월 14일에 시작되었다. 해럴드의 군대가 높은 언덕에 있었기 때문에 윌리엄의 군대는 언덕을 바라보며 공격해야 했다. 해럴드의 궁수들이 위에서 활을 퍼붓자 윌리엄의 군대는 제대로 공격할 수 없었다.

해질 무렵 윌리엄은 새로운 전략을 만들었다. 윌리엄은 병사들에게 공격하다가 거짓으로 물러나라고 명령을 내렸다. 진격과 후퇴가 계속되면서 해럴드의 군대가 조금씩 언덕에서 내려오기 시작했다. 적당한 때가 되었다고 생각한 윌리엄은 총공격 명령을 내렸다.

윌리엄의 군대는 7,000명에 이르는 해럴드의 군대보다 숫자는 적었지만 노르만이 중심이 된 정예 군인이었다. 궁수들은 화살을 공중으로 쏘아 적의 머리 위로 떨어지게 했고, 기병들은 적의 본진을 무너뜨렸다.

저녁이 시작될 무렵 점점 승패가 드러나기 시작했고 윌리엄의 군대는 승리를 거두었다. 수많은 전사자들이 쓰러져 있었고, 그중에는 해럴드의 시신도 있었다. 윌리엄은 곧바로 런던으로 진군하여 마침내 영국의 왕관을 썼다.

영국의 왕이 된 윌리엄은 윌리엄 1세(William I : 1028~1087)로 즉위하였다. 그는 그 후 몇 년 간 영국의 반란을 진압하고 모든 토지를 기사들에게 나누어 주었다. 하지만 한 지역 전체를 주는 것이 아니라 이곳저곳에 흩어지도록 하여 강한 세력을 만들지 못하게 했다.

그리고 세금을 걷기 위해 영국의 토지를 조사하여 '둠즈데이북Domesday Book'이라는 토지대장을 작성하였다. 이것은 윌리엄이 영국에서 실시한 봉건제도가 처음부터 상당히 중앙집권화된 제도였다는 것을 의미한다.

이후 윌리엄 1세는 빼앗긴 토지를 찾기 위해 프랑스 왕 필립 1세(Philip I : 1052~1108)와 싸우다가 부상을 입어 치료를 받던 중에 죽었다. 1087년 9월 9일의 일이었다.

비록 노르만 왕조는 프랑스 계통의 정복 왕조이지만, 프랑스의 봉건제도를 받아들여 영국 고유의 봉건사회를 출발시켰다는 점에서 왕조건국 이상의 의미를 가지고 있다.

—

1997년 9월 9일

최초의 '차 없는 날' 캠페인, 프랑스에서 시작

—

1997년 9월 9일 프랑스 서부 항구 도시인 라로쉐에서 '차 없는 날Car Free Day' 캠페인이 처음으로 시작되었다.

1년 중 단 하루만이라도 대중교통, 긴급차량, 생계형 차량을 제외한 자가용 운전자들이 자발적으로 자가용 운행을 자제함으로써 대기오염, 소음, 교통 체증을 줄이고 보행자의 만족도를 높이는 효과를 거두자는 취지였다. 그래서 자동차가 유발하는 대기 오염 기여도를 낮추어 청정 도시를 구현하는 것이 최종 목표이다.

이후 이 캠페인은 이듬해인 1998년부터 프랑스 전역으로 확대되었다. 2000년에는 유럽 30개국 813개 도시가 참여한 가운데 '도심에서는 자가용을 타지 맙시다In town, without my car'라는 구호를 내걸고 제1회 '유럽 차 없는 날' 행사가 진행되었다.

2001년 9월 22일에는 '세계 차 없는 날' 행사가 전 세계 1,300여 도시 및 마을에서 개최되었다. 우리나라도 환경 · 에너지 · 소비자 단체들의 주도 아래 이 캠페인에 동참하였다.

이후 매년 9월 22일이면 전 세계 40개국, 1,500여 도시에서 이 행사를 개최하고 있다.

9월의
모든 역사

9월 10일

■
■
■

1952년 9월 10일

유럽 의회가 업무를 시작하다

"이제 세계는 로마 제국의 부활을 눈앞에 두게 됐다. 앞으로
G2(미 · 중) 대신 G3(미 · 중 · 유럽 연합)에 익숙해져야 할 것이다."

벨기에 수도 브뤼셀에 있는 유럽 연합EU 본부 앞 광장을 찾은 한 시민의 말이다. 그의 말대로 이제 유럽 연합은 미국과 중국에 이어 세계에서 3번째로 강력한 경제적 · 정치적 힘을 가진 단일 국가로 성장 중이다.

유럽 연합의 역사는 1950년 5월 9일 프랑스의 외무 장관 로베르 쉬망(Robert Schuman : 1886~1963)이 '유럽 석탄 철강 공동체 계획', 이른바 '쉬망 플랜'을 제창할 때로 거슬러 올라간다.

쉬망 플랜은 '국경을 초월한 협력 관계를 유지하지 않고서는 서유럽의 미래는 없다.'는 전제하에 서유럽 전체의 자원과 공장을 초국가적 기능에 의해 관리한다는 내용이었다.

따라서 유럽의 석탄 · 철강 생산을 프랑스와 독일 및 이에 참가하는 유럽 여러 나라의 공동 관리하에 두고, 생산의 합리화와 근대화를 기초로 한 공동 경제 시장을 창설해 결국은 유럽 연합EU으로까지 발전시킨다는 계획이었다.

이듬해인 1960년 4월 쉬망 플랜을 구체화시켜 프랑스 파리에서 프랑스, 서독, 이탈리아, 벨기에, 네덜란드, 룩셈부르크가 모여 석탄과 강철 자원의 공동 관리에 대한 유럽 석탄 철강 공동체ECSC 조약을 체결했다. ECSC는 결국 유럽 연합EU의 모체가 된 것이었다.

이후 ECSC는 1952년 9월 10일에 일반 의회Common Assembly를 창설하고 업무를 시작하였다. 1958년에는 유럽 경제 공동체EEC와 유럽 원자력 기구Euratom를 포괄하게 되었고, 명칭도 유럽 의회 회의(EPA : European Parliamentary Assembly)로 변경되었다. 그리고 1962년에 유럽 의회(EP : European Parliament)로 다시 변경되었다.

이후 유럽 연합의 회원국이 증가하면서 의회도 함께 확대되었다.

1986년에는 로마 조약에 의해 유럽 단일법 조항이 채택되면서 입법 기능을 갖는 의회의 토대가 마련되었다.

유럽 의회의 주요한 입법 기능은 각료 이사회가 주로 행사하지만, 마스트리흐트 조약 이후로는 입법 기능과 정치적 영향력이 점차 강화되고 있다. 유럽 의회는 주도적으로 입법을 할 수는 없지만 많은 정책 영역에서 수정 요구나 거부권을 행사할 수 있다.

또한 유럽 의회는 집행 위원회의 활동을 포함한 유럽 연합의 모든 활동을 민주적으로 감독하는 역할을 한다. 따라서 집행 위원회를 탄핵할 수도 있으며, 집행 위원들을 임명하는 데 동의하고 반대로 그들을 불신임 투표를 통해 해임할 수도 있다. 그리고 유럽 연합을 견제하기 위해 예산 감독권을 가진다.

유럽 의회 소재지는 프랑스 스트라스부르에 있다. 의회의 소재지가 이곳인 이유는 전후 독일-프랑스 화해의 상징으로 독일 국경과 가까운 스트라스부르가 적합했기 때문이다. 하지만 사무 공간이 없어서 유럽 의회 사무국은 룩셈부르크에 있다.

2012년 현재 유럽 의회의 상임의장은 벨기에 총리 출신인 헤르만 판 롬파위(Herman Van Rompuy : 1947~)이며, 직원은 4,500여 명이다.

* 1950년 5월 9일 '독일과 프랑스의 석탄 공동 관리, '쉬망 플랜' 제창' 참조

1960년 9월 10일

에티오피아의 마라톤 선수 아베베, 로마 올림픽에서 우승

"왜 당신은 맨발바닥으로 뛰는가?"라고 기자가 질문하자 아베베가 대답했다.
"내 조국 에티오피아의 위대함을 전 세계에 알리려는 내 방법이기 때문이다."

1960년 9월 10일 에티오피아 황제의 근위병 비킬라 아베베(Bikila Abebe : 1932~1973)가 17회 로마 올림픽에서 2시간 15분 16초의 세계 신기록으로 우승을 차지하였다.

이 기록은 당시만 해도 마의 벽이던 2시간 20분을 깬 기록이었다.

더군다나 에티오피아는 이탈리아 무솔리니 군대에게 점령당한 역사가 있었기에 로마에서 아베베가 금메달을 땄다는 소식은 조국에 더욱 감동적인 것이었다. 특히 이 대회에서 아베베는 맨발로 뛰어 더욱 화제를 낳았다.

아베베는 1964년 도쿄 올림픽에서도 맹장 수술의 후유증을 극복하고 우승하였다. 올림픽 사상 최초의 마라톤 2연패였다. 이때 아베베는 신발을 신고 뛰었다.

하지만 아베베는 1969년 교통사고를 당해 반신불수가 되었고, 1973년 뇌출혈로 사망하였다.

1981년 9월 10일

스페인 화가 피카소의 「게르니카」, 미국에서 스페인으로 반환

스페인의 화가 파블로 피카소(Pablo Ruiz y Picasso : 1881~1973)는 1937년 4월 독일의 폭격기에 의해 무참히 파괴된 스페인 바스크 지방의 소도시 게르니카의 비극을 한 장의 그림으로 남겼다. 이것이 그 유명한 「게르니카」이다.

「게르니카」는 파리 국제 박람회 스페인관에 전시되었다. 그런데 전시가 끝난 후 피카소는 그림을 독재자 프란시스코 프랑코(Francisco Franco : 1892~1975)가 지배하는 조국에 둘 수 없다고 말하였다.

1939년 피카소는 "스페인의 민주주의와 자유가 회복된 후에만 그림이 스페인에 돌아갈 수 있으며 반드시 프라도 미술관에 소장돼야 한다."는 조건을 내걸었다. 그래서 스페인이 민주화될 때 반환한다는 조건으로 「게르니카」는 미국 뉴욕 근대 미술관에 무기한 대여되었다.

그리고 마침내 「게르니카」는 1981년 9월 10일 '드디어 전쟁이 끝났다'라는 신문의 헤드라인과 함께 그림이 완성된 지 44년 만에 스페인에 반환됐다. 피카소 사후 8년, 프랑코 사후 6년이 지난 뒤의 일이었다. 반환된 그림은 마드리드의 소피아 현대 미술관에 소장되었다.

* 1937년 4월 26일 '독일 나치스, 스페인의 소도시 게르니카 폭파' 참조
* 1937년 6월 4일 '스페인 화가 피카소, 「게르니카」 완성' 참조

—

1974년 9월 10일

아프리카의 기니비사우, 포르투갈로부터 독립

—

기니비사우Guinea-Bissau는 서아프리카에 있는 인구 130만의 작은 국가
이다. 1446년 포르투갈인에 의해 유럽에 알려졌으며 포르투갈 최초의
해외 식민지가 되었다.

이곳에서는 노예 무역이 성행했으며, 저항이 따르자 포르투갈이
1936년에 군대를 파견하여 점령하였다.

제2차 세계 대전 후 기니비사우-카보베르데 독립 아프리카당PAIGC이
라는 단체가 설립되어 독립 운동을 주도하였다. 그리고 마침내 1973년
9월에 독립을 선언하고 이듬해인 1974년 9월 10일에 포르투갈로부터
독립하였다.

이후 국가평의회 의장 루이스 카브랄(Luís Severino de Almeida Cabral :
1931~2009)이 초대 대통령으로 취임하여 기니비사우를 이끌어 오다가
1980년 11월 전 국회의장인 주앙 베르나루두 비에이라(João Bernardo
Vieira : 1939~2009)가 쿠데타를 통해 집권하였다.

그 후 비에이라는 국가평의회 의장에 취임하여 2009년 3월까지 기니
비사우를 통치하다가 피살되었다. 2012년 4월에 다시 군부에 의한 쿠
데타가 발생해 현재 서아프리카 경제 공동체ECOWAS 평화유지군이 치안
을 담당하고 있다.

1919년 9월 10일

연합국과 오스트리아, 생제르맹 조약 체결

제1차 세계 대전이 끝난 직후인 1919년 9월 10일, 연합국과 오스트리아는 프랑스 파리 서쪽 생제르맹에서 강화 조약을 체결하였다. 일명 생제르맹 조약이라고 한다.

이 조약에는 오스트리아 제국 내의 여러 이민족 분리 · 독립, 징병 제도 금지, 군비 제한, 배상 지불 등을 규정하였다.

이 조약으로 인해, 오스트리아-헝가리 이중 제국이 해체되면서 오스트리아와 헝가리는 분리되었고, 오스트리아는 면적과 인구가 전쟁 전의 1/4 정도로 줄어들었다. 결국 오스트리아는 경제적 자립도 곤란한 변칙적인 소국이 되었다.

또한 체코슬로바키아 · 폴란드 · 헝가리 · 유고슬라비아 등 새로운 독립국이 탄생하였다.

9월의
모든 역사

9월 11일

■
·
■

2001년 9월 11일

미국, 9 · 11 테러 사건이 발생하다

"테러와의 전쟁war on terror은 알 카에다로 시작됐지만 거기서 끝나지
않는다. 전 세계의 모든 테러 집단을 찾아내 물리칠 때까지 테러와
의 전쟁은 끝나지 않을 것이다."

-조지 워커 부시, 미국 의회 연설

2001년 9월 11일, 미국 뉴욕의 110층짜리 세계 무역 센터wtc 쌍둥이 빌딩과 워싱턴의 국방부 청사인 펜타곤에 항공기와 폭탄을 동원한 동시다발적인 테러 공격이 발생하였다.

이 공격으로 무역 센터 건물 2동이 붕괴되었고 펜타곤은 화염에 휩싸였다. 이 사건으로 인한 인명 피해만도 4대의 항공기에 탑승한 승객 266명 전원 사망, 워싱턴 국방부 청사에서 사망 또는 실종 125명, 세계 무역 센터에서 사망 또는 실종 2,500~3,000명 등 총 2,800~3,500명에 달하였다.

이날의 참사는 미국 역사상 최악의 참사라 불러도 과언이 아닐 정도였다. 이날 아침 4개조로 나뉜 테러리스트들은 동부 각 도시에서 캘리포니아로 향하는 4대의 비행기를 납치했다. 각 조마다 훈련된 비행기 조종사가 포함되어 있었다. 이 중 뉴욕에서 출발한 비행기 두 대가 세계무역센터의 쌍둥이 타워에 충돌한 것이었다.

아메리칸 항공 보잉 여객기가 동부표준시 오전 8시 46분에 북쪽 타워를 들이받았고, 유나이티드 항공 보잉 여객기는 9시 03분에 남쪽 타워에 부딪혔다. 빌딩 안에서 일하고 있던 사람들 중 다수가 즉사했고, 구급 소방 요원들을 포함한 다른 사람들은 빌딩이 붕괴될 때 죽거나 잔해 속에 파묻혔다. 빌딩이 산산이 무너져 내리며 화염과 연기에 휩싸이는 장면은 TV로 생중계되어 전 세계를 경악과 공포에 몰아넣었다.

세 번째 비행기는 워싱턴 D.C.로 향해 미 국방부 청사에 충돌했다. 워싱턴 D.C.의 국회의사당으로 향하던 네 번째 비행기에서는 승객들이 납치범들에게 저항하여 조종간을 빼앗으려고 했다. 실랑이 와중에 비행기는 펜실베이니아의 들판에 추락했고, 승객은 전원 사망했다.

사건 발생 직후, 미국의 조지 워커 부시(George Walker Bush : 1946~)

대통령은 이 테러 사건을 '미국에 대한 명백한 테러 공격이자 21세기 첫 전쟁'으로 규정하였다. 그리고 이어 이튿날 테러 개입자들에 대해 사전 경고 없이 보복할 것을 천명하였고, 사우디아라비아 출신의 국제 테러리스트이자 이슬람 원리주의 테러 조직 알 카에다Al-Qaeda의 지도자 오사마 빈 라덴(Osama Bin Laden : 1957~2011)을 범인으로 지목하였다.

이후 9월 15일 미국은 이슬람 테러리즘과의 전쟁을 선언하고, 빈 라덴이 숨어 있는 아프가니스탄에 대한 지상군 투입 결정을 내리는 한편, 아프가니스탄의 인접국인 파키스탄을 설득해 영공 개방 등의 약속을 받아 냈다. 그리고 작전명을 '무한 정의 작전'으로 명명한 뒤 보복 전쟁에 들어갔다. 이에 아프가니스탄의 탈레반 정권은 구체적인 증거를 요구하며 빈 라덴의 인도를 거부, 반발하였다.

하지만 미국은 '테러와의 전쟁war on terror'이라는 명분을 내세워 테러 발생 26일 만인 10월 7일 아프가니스탄에 대한 군사 작전 개시를 발표하였다. 그리고 영국과 함께 아프가니스탄의 카불 공항과 탈레반 국방부, 잘랄라바드 공항, 칸다하르 탈레반 지휘 사령부, 헤라트 공항 유류 저장고, 마자르 이샤리프 탈레반 군장비 집결지, 콘두즈 탈레반 지역 군사 작전 지휘소 등에 50기의 토마호크 미사일을 발사함으로써 공습을 시작했다.

10월 9일 미국 · 영국 연합군은 아프가니스탄 주변에 350여 기의 항공 전력을 배치하였고, 아프가니스탄 영토에서 전투기 · 폭격기를 이용한 공습과 아프가니스탄 북부 동맹군을 앞세워 같은 해 11월 20일에는 아프가니스탄 전역을 함락하였다.

이어 12월 22일에 연합군은 반反탈레반 정권인 과도 정부를 수립함으로써 탈레반과의 전쟁을 종결하였다. 그러나 미국은 이 전쟁의 목표로 삼았던 빈 라덴과 그의 조직 알 카에다를 뿌리 뽑는 데는 실패하였다.

그럼에도 미국은 '테러와의 전쟁'을 끝내지 않고 이후 중동으로 눈을 돌렸다. 그리고 2003년 3월 20일에는 이라크 전쟁을 일으켜 20일 만에 수도 바그다드를 완전 함락시키고 새로운 과도 정부를 출범시키는 등 대對 테러 전쟁을 계속하였다.

* 2003년 3월 20일 '미국, 이라크를 침공하다' 참조
* 2011년 5월 2일 '테러 조직 알 카에다의 지도자, 오사마 빈 라덴 피살' 참조

—
1973년 9월 11일
칠레의 대통령 살바도르 아옌데 피살
—

"역사적 순간에 서서 저는 민중의 충성에 대한 빚을 갚기 위해 제 목숨을 바치려 합니다. 그들은 무력을 갖고 있으므로 우리를 노예로 만들 수 있습니다. 그러나 사회의 전진은 범죄로도 무력으로도 막을 수 없습니다. 역사는 우리의 것이고, 민중에 의해 만들어집니다.

머지않아 위대한 길이 다시 열리고 이 길로 자유인들이 더 나은 사회를 건설하기 위해 걸어갈 것임을 잊지 마십시오. 칠레 만세! 민중 만세! 노동자 만세! 이것이 저의 마지막 말입니다."

–아옌데

1973년 9월 11일 칠레의 수도 산티아고에서 육군 참모 총장 아우구스토 피노체트(Augusto José Ramón Pinochet Ugarte : 1915~2006)가 주

도한 군부 쿠데타가 일어났다. 그 와중에 살바도르 아옌데(Salvador Isabelino Allende Gossens : 1908~1973) 대통령은 대통령궁을 포위한 군부대의 공격에 저항하다 피살됐다. 그의 나이 65세였다.

1908년 아옌데는 칠레의 발파라이소에서 태어났다. 그는 칠레 대학교 의학부 재학 시절부터 사회 · 정치 운동에 참여해 1933년 칠레사회당 창당에 관여했고, 1942년에는 서기장이 됐다.

이후 하원의원, 후생장관, 상원의원 등을 역임한 그는 1970년 11월 대통령 선거에 출마해 당선됐다. 그는 칠레에서 마르크스주의자로 당선된 최초의 대통령이었다.

취임 이후 아옌데는 은행 · 광산 등 주요기업을 국유화하는 좌익 정책을 의욕적으로 추진해 실행에 옮겼다. 그러나 경제가 마이너스 성장에 빠지고, 심한 인플레와 재정 적자에 시달리자 아옌데 노선은 좌우에서 협공을 받아 곧 난관에 봉착했다.

그런 와중에 칠레의 육 · 해 · 공 3군 사령관은 아옌데에게 정국 혼란의 책임을 지고 대통령직에서 사임하라는 최후통첩을 보냈다. 이에 그가 퇴진을 거부하자 이날 칠레 군부는 전국에 비상사태를 선포하고 정권 접수를 발표한 것이었다.

결국 세계의 사회주의 운동에 새로운 길을 열 것으로 좌익 지식인들 사이에 기대를 모았던 사회주의도 그의 죽음과 함께 종말을 고했다.

한편 쿠데타에 성공한 피노체트는 곧 국가의 모든 권력을 독점해 1974년부터 1989년까지 군사평의회 의장 겸 대통령으로 칠레를 통치했다.

2008년에 아옌데는 칠레 국민 150만 명이 뽑은 '칠레 역사상 가장 위대한 인물' 1위에 올랐으며, 2009년 9월에는 좌파인 아옌데를 축출

하기 위해 피노체트 배후에 미 CIA가 자금을 지원한 사실이 밝혀지기
도 했다.

—

1906년 9월 11일

인도의 마하트마 간디,
비폭력 무저항 운동을 시작하다

—

1906년 9월 11일 인도의 마하트마 간디(Mohandas Karamchand Gandhi
: 1869~1948)는 남아프리카 트란스발의 식민 정부가 통과시킨 아시아
인에 대한 차별법에 대항하며 비폭력 무저항 운동을 시작하였다. 일명
'사티아그라하Satyagraha'라고 한다.

'사티아'(진리)와 '아그라하'(노력, 열정)를 뜻하는 사티아그라하는 점
포 · 공장 등의 전면적 작업 정지인 하르탈Hartal이나 영국과의 비협력 등
을 구체적인 내용으로 하였다. 이후 간디는 영국 제국주의에 저항해 싸
울 때 이것을 반反식민 투쟁의 근본 사상으로 삼았다.

그리고 1917년 간디는 비하르 지역 참파란에서 인디고 재배자들을
위해 인도에서 최초로 사티아그라하 운동을 전개하였다. 사티아그라하
의 수단으로서 단식과 불매 운동을 벌였다.

이 운동은 제1차 세계 대전 후인 1919년부터 본격적으로 전개되었
다. 이후 1930년부터 1934년까지 2차로 전개되었다. 이때 이 운동이 인
도 전역에 파급되어 거의 모든 계급 · 계층의 사람들을 반제反帝 투쟁으
로 규합하도록 하였다.

* 1930년 3월 12월 '간디, 소금 행진 시작' 참조

* 1930년 4월 6일 '간디, 제2차 소금 행진 시작' 참조

* 1948년 1월 30일 '인도 건국의 아버지 마하트마 간디 사망' 참조

9월의
모든 역사

9월 12일

.
.
.

1940년 9월 12일

프랑스에서 라스코 동굴 벽화가 발견되다

"우린 아무것도 더한 것이 없다."
원시 미술에 매료되어 「아비뇽의 아가씨들」이라는 작품 속에 아프
리카 가면을 그려 넣기도 했던 피카소는 라스코 동굴 벽화를 본 후
감동과 탄식이 섞인 한마디 말을 던졌다.

-라스코 동굴 벽화

구석기 시대에 라스코Lascaux 동굴 벽화가 그려진 이후 20세기 우주 개발 시대에 이르기까지 많은 시간이 흘렀지만, 라스코 동굴 벽화에 보이는 환각적인 기법과 비례, 그리스적 절제미는 현대 미술가들의 감탄을 자아내기에 충분하다.

라스코 벽화를 포함한 원시 미술의 발견으로 미술에 대한 새로운 해석이 더욱 필요해졌고, 그래서 예술 사상에서는 '진보'라는 말 대신에 '변화'라는 중립적인 성격의 용어가 많이 쓰이게 되었다.

라스코 동굴 벽화는 1940년 9월 12일 프랑스 남부 도르도뉴 몽티냐크에 있는 베제르 계곡에서 발견된 후기 구석기 시대의 동굴 벽화이다. 이 벽화는 1879년 스페인 피레네 산맥에서 발견된 알타미라 동굴 벽화와 함께 구석기 시대의 동굴 벽화를 대표하고 있다.

이 벽화는 몽티냐크에 사는 4명의 소년에 의해 우연히 발견되었다. 이 소년들은 개 한 마리와 함께 베제르 계곡에 우뚝 솟은 숲이 많은 곳을 올라가게 되었다. 그런데 같이 간 개가 전나무 뿌리가 뽑혀 가시덤불로 가려진 구멍 사이로 들어가더니 나오지 않았다.

소년들은 개를 찾기 위해 그 구멍 사이로 들어갔다. 개의 이름을 불러보며 한발씩 앞으로 나가는데 갑자기 제일 앞장선 아이가 진흙에 미끄러지며 동굴 아래로 떨어졌다. 그 소년을 따라 나머지 아이들도 내려갔고 개도 그곳에 있었다.

그들은 간신히 기어서 나온 후 다음 날 램프와 밧줄을 챙겨 다시 동굴 입구로 갔다. 아이들은 램프를 켜고 천천히 동굴의 긴 터널 속으로 들어가면서 주위를 살펴보았다. 얼마 안 가 희미한 그림들이 보이기 시작했고, 그것은 말과 사슴에 둘러싸인 거대한 황소임을 알 수 있었다. 소년들은 동굴에서 나와 교장 선생님께 동굴에서 보았던 그림에 대해 말했다.

구석기에 관심이 많았던 교장 선생님은 아이들과 함께 동굴로 가서 사실을 확인하였고 이를 학자들에게 알렸다. 그리고 9월 17일 구석기 예술 전문가인 아베브뢰이 직접 동굴을 조사하고는, 당시까지 알려진 벽화 가운데 가장 아름다운 구석기 벽화임을 확인하였다.

이후 라스코 동굴 벽화는 제2차 세계 대전의 발발로 잠시 잊혀졌으나, 전쟁이 끝난 뒤 문화재로 지정되었고 조그만 마을이던 몽티냐크는 관광지로 개발되었다 .

기원전 1만 5000년 무렵에 그려진 것으로 추정되는 라스코 동굴 벽화에는 사슴 · 말 · 소가 그려져 있으며 몇몇 짐승 이외에는 많은 짐승들이 무질서하게 뒤엉켜 있다. 그중에는 동물들이 겹쳐진 것도 있는데, 이것은 구석기 사람들이 단순히 장식적인 목적으로 동물들을 그린 것이 아님을 보여 주는 것이다.

또한 벽화가 그려진 곳은 매우 어둡고 입구에서 멀리 떨어진 곳이다. 이것도 역시 사람들이 단순히 즐기기 위해서 벽화를 그린 것이 아니라는 사실을 알려 준다.

그렇다면 구석기 사람들은 어떤 동기로 벽화를 그린 것일까. 추측하자면 이곳은 구석기인들이 사냥을 하기 위한 주술 의식이 행해지던 장소로 여겨진다. 즉 사냥으로 더 많은 동물들을 잡기 위해 제사를 지냈던 장소였던 것이다. 그 이유는 몸통에 창이 꽂힌 짐승을 그린 그림이 있고, 동물 주위에는 화살과 덫이 있기 때문이다.

어쩌면 동물 그림을 그려놓고 실제로 동물을 죽이는 것과 같은 의례를 했을 수도 있다. 그렇게 함으로써 자기보다 힘센 동물에 대한 공포감을 줄였을 것이고, 그만큼 더 많은 사냥감을 얻을 수 있다는 자신감도 생겼을 것이다.

그렇다면 구석기 시대의 '예술가'는 오늘날의 예술가와 다르게 특수한 신분의 인간이었다고 추측해 볼 수 있다.

—
2007년 9월 12일

필리핀 법원,
에스트라다 전 대통령에게 종신형 선고
—

조지프 에헤르시토 에스트라다(Joseph Ejercito Estrada : 1937~)는 필리핀 마닐라 빈민가인 톤도 지구에서 태어났다. 본명은 호세 마르셀로 에헤르시토Jose Marcelo Ejercito이다.

에스트라다는 마닐라 아테네오 대학교와 마푸아 공과대학교에서 공학을 전공했으나, 가족들의 반대를 무릅쓰고 영화배우가 되었다. 그는 1956년 처음 영화에 출연한 후, 수백편의 영화에 출연하며 필리핀의 인기 배우가 되었다. 특히 가난하고 힘없는 사람들을 위해 기지와 주먹을 쓰는 주인공 역할을 주로 맡아 타갈로그족에게 인기가 많았다.

이에 그는 대중적인 인기를 바탕으로 1969년 마닐라 교외의 산후안 시장 선거에 무소속으로 출마하여 당선되었다. 이후 1986년까지 17년 동안 시장을 연임하였다. 1987년에는 상원의원에 당선되었다.

1991년에 에스트라다는 포퓰리즘적인 필리핀 대중당을 창당하여 대통령 선거 출마를 선언하였다. 하지만 그는 1992년 선거를 앞두고 민족국민연합 소속의 에두아르도 코후앙코(Eduardo Cojuanco : 1935~)를 대통령 후보로 내세우고, 자신은 부통령 후보로 나섰다. 코후앙코는 민주당의 피델 라모스(Fidel Valdez Ramos : 1928~)에게 패했으나, 그는 부통령으로 당선되어 1998년까지 재직했다.

그리고 마침내 1998년 대통령 선거에 출마, 필리핀 역사상 최다 득표율인 40%를 기록하며 대통령에 당선되었다. 그는 적극적인 개혁 정책을 실시하여 주목을 받았다.

그러나 2000년 8월 뇌물과 불법 정치자금을 받은 사실이 폭로되었다. 이에 상원에서는 탄핵 절차를 진행하였다. 결국 그는 2001년 1월 탄핵 선고에 앞서 스스로 사임하였다. 그의 사임 후 그를 지지하는 사람들의 강력한 반발로 한동안 필리핀 정국은 큰 혼란에 빠졌다.

2007년 9월 12일 법원은 대통령 재직 시 저지른 금전적 비리에 대해 종신형을 선고하며, 그의 계좌에 있던 돈을 몰수했다. 그러나 글로리아 아로요(Maria Gloria Macapagal-Arroyo : 1947~) 대통령은 에스트라다의 지지자들을 회유하기 위해 그를 사면했다.

이후 에스트라다는 2010년 대선에 출마했으나 2위로 낙선하였다.

1959년 9월 12일

소련, 달 탐사 로켓 루나 2호 발사

처음부터 달에 무사히 착륙하길 바란 것은 아니었다. 어떤 식으로든지 달 표면에 도착하기만 하면 되는 것이었다. 신으로 숭배하던 달에 과연 인간의 손길이 닿을 것인가?

소련과 미국이 우주 개발 경쟁을 벌이던 시절에, 미국은 1969년 7월

닐 암스트롱(Neil Alden Armstrong : 1930~)의 달 착륙 이전까지 항상 소련에 한걸음씩 뒤처졌다. 루나 2호도 미국의 자존심에 상처를 내었다.

소련의 달 탐사 계획에 따라 무인 달 탐사선 루나 2호가 1959년 9월 12일 오후 10시 2분 바이코누르 우주 기지를 떠났다.

루나 2호는 무사히 지구의 대기권을 벗어나 달을 향해 날아갔다. 그리고 발사 이틀 후 루나 2호가 보내던 신호가 갑자기 끊겼다. 사고가 난 것이다.

그러나 슬픈 일이 아니었다. 지구를 떠난 지 33시간 만에 소련, 아니 인류가 만든 '물건'이 최초로 비록 충돌이기는 하지만 달에 도착한 것이었다.

루나 2호의 달 착륙 성공 이후 1966년에 루나 9호가 최초로 달에 연착륙하여 인류의 달 탐사 계획을 더욱 재촉하였다.

* 1969년 7월 20일 '미국의 아폴로 11호, 인류 최초로 달에 착륙하다' 참조

9월의
모든 역사

9월 13일

■
·
■

1541년 9월 13일

프랑스의 신학자 장 칼뱅, 제네바로 돌아오다

장 칼뱅은 제네바에서 종교 개혁을 시도하였지만 1538년 시 정부의 반대로 이루지 못하고 쫓겨났다. 그러나 1541년 칼뱅을 지지하는 세력이 우세해지자 다시 제네바로 돌아와 종교 개혁에 박차를 가하였다.

프랑스의 신학자이자 종교개혁가인 장 칼뱅(Jean Calvin : 1509~1564)
은 그를 지지하는 기욤파의 권유로 제네바로 돌아오기 전에 한 가지 약
속을 받았다. 그것은 자신이 원하는 프로테스탄트 체제를 세울 수 있는
권한을 가진다는 것이었다.

칼뱅은 1541년 9월 13일 제네바로 복귀하여 '교회 법령'을 만들었다.
이 법령은 교회의 직임으로 목사, 교사, 장로, 집사를 둔다는 내용이다.
그리고 목사와 장로가 참여하는 '당회Consistory'를 만들었다. 당회에는 개
인의 사생활까지 감시하여 죄를 지은 자를 쫓아내거나 시 당국에 넘겨
처벌을 요구할 수 있는 권한이 주어졌다.

칼뱅의 개혁으로 유럽 각 지역의 사람들이 제네바로 몰려왔다. 하지
만 칼뱅의 엄격한 교리와 외부 지역 사람들의 유입은 자유주의자와 본
토 사람들의 공격을 받았다.

1553년 선거에서는 칼뱅의 반대파가 우세해졌다. 하지만 이때 삼
위일체론을 비판한 에스파냐의 신학자 미카엘 세르베투스(Michael
Servetus : 1511~1553)가 제네바로 들어왔다. 이에 칼뱅은 세르베투스를
두고 자유주의자와 권력 다툼을 하였으며, 세르베투스를 화형에 처함
으로써 칼뱅의 개혁 세력이 우세하게 되었다.

다음 해에 있던 선거에서도 칼뱅파가 승리해 개혁은 순조롭게 진행
되었다. 이후 칼뱅은 저작 활동 등을 하며 쉼 없이 일하다가 1564년에
세상을 떠났다.

칼뱅은 시민들에게 엄격한 윤리적 생활을 강요하여 오락성이 많은
축제나 극장 등을 폐쇄하고 단순하고 소박한 생활을 강조하였다. 제네
바의 비밀경찰들은 시민들의 생활을 감시하여 칼뱅의 이상을 현실에서
실현하도록 뒷받침하였다. 기록에 따르면 1542년부터 5년간 칼뱅의 교

리를 실천하지 않아 사형된 사람이 58명이고 추방된 사람이 76명이다.

한편 칼뱅은 『기독교강요』에서 예정설을 강조하였다. 이에 따르면 우주는 전능한 신의 의지에 철저히 의존하고 있다. 원죄를 짓고 있는 인간은 신만이 아는 이유로 어떤 사람에게는 구원을, 어떤 사람에게는 지옥의 고통을 예정하였다. 이것은 태어나기도 전에 결정되는 것이며 어떤 방법을 써도 바꿀 수 없는 것이다.

그리고 신은 선택된 사람에게 올바르게 살려는 욕망을 주셨을 것이므로 자기가 구원받을 사람인지 확인하려면 스스로 올바른 행위를 하고 있는지 아닌지를 살펴보면 알 수 있을 것이라고 주장했다.

사람들은 무엇보다 도덕적이고 경건한 삶을 살아야 하고, 이것은 자신의 영혼을 구원하기 위해서가 아니라 신의 영광을 위한 것이다. 즉 칼뱅은 현재의 생활에 충실하며 자기 직업에 최선의 노력을 다해야 한다고 주장하였다.

칼뱅의 교리는 이익을 추구하며 재산을 축적하려는 상공인들에게 널리 받아들여져, 프랑스와 스코틀랜드의 상공 계층에게 전파되었다.

1904년 독일의 막스 베버는 「프로테스탄티즘의 윤리와 자본주의의 정신」라는 논문에서 서양의 자본주의 정신은 칼뱅에게서 나온 것이라고 주장하였다.

* 1509년 7월 10일 '프랑스의 신학자 칼뱅 출생' 참조

1971년 9월 13일

중국의 정치가 린뱌오 비행기 추락으로 사망

마오쩌둥이 남방 순시를 하면서 린뱌오를 경계하는 듯한 말을 하고 다닌다는 정보가 여러 경로를 통해 린뱌오에게 전달되었다. 마오쩌둥의 의중을 읽은 린뱌오는 초조하고 성급해지기 시작했다.

린뱌오(林彪 : 1906~1971)는 후베이湖北 성에서 태어났으며 1926년에 장제스(蔣介石 : 1887~1975)가 교장으로 있던 황푸 군관 학교를 졸업하였다.

그는 1927년 공산당에 가입하였다. 그해 중국 공산당이 주도한 난창 봉기에 가담하였으나 실패하여 마오쩌둥(毛澤東 : 1893~1976)과 함께 게릴라 활동에 들어갔다.

1934년에는 장정에 참가하였으며 1937년에 팔로군八路軍 115사단 사단장을 지냈다. 1947년에는 동북 인민 해방군을 조직하였으며, 1949년 10월 중국 공산당이 정권을 수립한 후에는 중앙 인민정부 위원, 국무원 부총리, 국방부 장관, 중국 공산당 중앙 부주석 등을 거쳐 1955년에 중화 인민 공화국 원수에 임명되었다.

1966년 5월부터 문화 대혁명이 시작되면서 장칭(江淸 : 1914~1991)과 함께 최고 권력에 오르려는 계획을 세웠다. 린뱌오는 인민 해방군을 배경으로 당의 역할을 점차 떠맡았고 1969년에 마오쩌둥의 후계자로 정식 지목되었다.

그런데 '당이 군대를 지휘한다'는 원칙을 갖고 있던 마오쩌둥은 린뱌오의 세력이 커지자 경계하였고, 이것은 마오쩌둥과 린뱌오의 권력 투쟁으로 나타났다.

1971년 마오쩌둥은 제1 부주석인 린뱌오를 제치고 저우언라이(周恩來 : 1898~1976)를 9기 3차 중앙위원회 전체회의 책임자로 지명하였다. 이에 당황한 린뱌오는 쿠데타를 일으켜 마오쩌둥을 시해한다는 계획을 세웠다.

마오쩌둥도 8월 14일 남방 순시를 떠나 여러 당정 관리들을 만나면서 린뱌오를 무조건 따르지 말라고 권유하였다.

9월 8일 린뱌오는 마오쩌둥이 탄 기차를 폭파하려는 계획을 세웠으나 사전에 기밀이 누설되어 실패하였다. 9월 12일에는 베이징에서 연합 함대를 지휘하여 소련과 손을 잡으려는 계획을 세웠으나 이 역시 좌절되었다. 결국 린뱌오는 9월 13일 황급히 비행기로 중국을 탈출하였으나, 몽골 운델한 지구에서 비행기 추락으로 사망하였다.

하지만 정치적 혼란을 우려한 중국은 린뱌오의 비행기 추락 사고를 바로 발표하지 않고, 11개월이 지난 이듬해 8월에 그의 사망을 공식화했다.

* 1949년 10월 1일 '중화 인민 공화국 수립' 참조
* 1966년 5월 16일 '중국, 문화대혁명이 시작되다' 참조

1899년 9월 13일

미국 최초의 자동차 사고 사망자 발생

1899년 9월 13일 미국 뉴욕 다운타운에서 교통사고가 발생하였다.

부동산 브로커였던 헨리 헤일 블리스는 전차에서 내리는 한 여인을 도와주고 있었는데 전기 자동차가 미처 그를 피하지 못하고 들이받았던 것이다.

이 사고로 블리스는 루스벨트 병원으로 옮겨졌으나 머리와 가슴의 상처가 워낙 커서 다음 날 사망하였다. 블리스는 미국 최초로 자동차에 목숨을 잃은 첫 번째 보행자로 기록되었다.

미국 최초의 자동차 사고 사망자를 발생시킨 사고 차량은 당시 유명한 의사의 승용차였으며 운전기사인 스미스가 운전을 하고 있었다.

경찰은 스미스를 살인 혐의로 체포하였으나 법원은 고의가 아닌 과실로 일어난 사고라며 보석금 1,000달러에 그를 석방했다.

9월의
모든 역사

9월 14일

:
:
:

1960년 9월 14일

사우디아라비아 · 이라크 등 5개국, 석유 수출국 기구를 설립하다

석유 수출국 기구OPEC 참가국은 석유 가격의 변동에 대해서 석유 회사가 지금까지 취해 온 태도에 더 이상 무관심할 수 없게 되었다. 석유 회사에는 가격 유지를 위해 노력하고, 불필요한 변동을 일으키지 않도록 요구하는 바이다.

-석유 수출국 기구 창설 결의문

서남아시아와 이집트를 포함한 중동에서 석유를 둘러싼 열강들의 각
축의 역사는 20세기 초반으로 올라간다.

1908년 이란의 서남부 술라이만에서 뉴질랜드인 윌리엄 다아시
(William Knox D'Arcy : 1849~1917)가 유전을 발견하였다. 석유 매장 가능
성을 확인한 유럽의 여러 나라들은 경쟁적으로 중동 지역으로 뛰어들
었다.

제1차 세계 대전에서 승리한 영국과 프랑스는 이라크와 시리아를 각
각 나누어 통치하는 데 합의했다. 영국은 당시 중동 석유의 대부분을
장악하고 있던 '터키 석유 회사TPC'를 독일로부터 접수하여 '이라크 석
유 회사IPC'로 이름을 바꾸었다.

영국은 1927년부터 북이라크의 석유 채굴을 개시하였으며, 프랑스
로부터 시리아를 관통하는 송유관 설치를 양해받고 이라크 석유 회사
주식의 25%를 주었다. 그리고 미국이 1928년 터키 석유 회사에 대한
경영에 참여하면서, 영국 · 프랑스 · 미국이 중동의 석유를 지배하게 되
었다. 그 후 1932년 바레인, 1938년 쿠웨이트와 사우디아라비아에서
유전이 발견되었다.

제2차 세계 대전은 중동의 석유 산업에 있어 커다란 전환점이 되었
다. 석유는 석탄의 대체연료로서 뿐만 아니라 전쟁을 좌우할 수 있는
절대적인 자원으로 자리 잡았다. 하지만 중동 석유의 생산은 늘었지만
대부분의 이익은 생산에서 판매의 모든 분야를 통괄하는 서구의 메이
저 석유 회사가 차지했다. 당연히 중동 산유국들의 불만은 커질 수밖에
없었다.

이들 중동의 국가들은 제2차 세계 대전이 끝나면서 민족주의와 자원
민족주의를 주장하면서 이권 보호에 관심을 기울이기 시작했다. 또한

중동의 지나친 석유 개발과 소련 석유의 수출 증가 등으로 공급 과잉
현상이 나타나 가격이 떨어졌다.

결국 1950년 이란은 영국이 참여하고 있던 석유 회사의 국유화를 선
포하였다. 이에 대응하여 영국은 이란산産 석유 불매 운동을 벌여 이란
경제를 마비시켰다. 1953년에는 이란에서 쿠데타가 일어나 모하마드 레
자 샤 팔레비(Mohammad Reza Shah Pahlevi : 1919~1980)가 국왕으로 복
귀하면서 이란은 영국과 메이저 석유 회사들에게 굴복하였다.

또한 미국은 1959년 3월 국내의 석유 산업을 보호한다는 구실로 수
입 제한 조치를 취하여 중동 원유의 가격이 큰 폭으로 떨어지기 시작했
다. 이러한 상황에서 메이저 석유 회사들은 1957년 이후 과잉 공급된
원유를 처분하기 위해 공시 가격을 인하하기 시작했다.

메이저 석유 회사들의 무제한적인 공급으로 석유 가격이 떨어지고
산유국의 수입이 줄어들자, 중동 산유국들은 여기에 맞서 1959년 4월
석유 수출국 기구OPEC 성립의 기초가 되는 비밀 협정을 조인하여 결속
을 강화시켜 가고 있었다.

1960년 9월 9일 전 세계 석유 수출 물량의 80% 이상을 점유하고 있
던 5대 산유국인 사우디아라비아, 이라크, 쿠웨이트, 이란, 베네수엘라
는 바그다드에서 회의를 개최하였다. 그리고 9월 14일 메이저 석유 회
사들에 대한 정치적 대항 세력인 석유 수출국 기구OPEC를 출범시켰다.

결의안 전문에 따르면 '모든 석유 수출국은 개발 자금을 조달하고 균
형 예산을 유지하는 데 석유 수입에 의지하고 있다. 석유는 언젠가는
없어질 자산이며, 석유 가격의 변동은 소비국 경제도 혼란시킨다.'고
하였다.

OPEC는 자신들의 곤란한 입장을 밝히면서 OPEC 설립이 메이저 석

유 회사들에 대한 방어 수단이었음을 강조하였다. "메이저 석유 회사들의 공시 가격 인하는 카르텔(연합)에 대항하는 카르텔의 결성을 촉진하는 결과가 되리라는 것이 처음부터 분명했다."고『중동 이코노믹 서베이』의 편집장이 분석하였다.

산유국들의 OPEC 설립은 원유 공시 가격의 하락을 막았다. 특히 1970년대 석유 파동을 거치면서 석유 가격은 1973년 3달러에서 1980년 30달러로 뛰어올랐다.

이로 말미암아 거액의 재정 자금을 확보하게 된 OPEC는 이후 가격 정책 외에 석유 이권의 국유화, 자원 보호, 각종 석유 산업으로의 진출, 석유 시대 후의 국가 건설 등에 큰 영향력을 미치게 되었다.

2012년 현재 OPEC 회원국은 기존의 5개국을 포함해 아프리카의 알제리 · 앙골라 · 나이지리아 · 리비아, 라틴아메리카의 에콰도르, 중동의 카타르 · 아랍에미리트 등 12개국이다.

1847년 9월 14일

미국, 멕시코의 멕시코시티 점령

1846년 1월, 미국과 멕시코를 통하는 리오그란데 강에서 미군의 도발로 충돌이 일어나 미군 16명이 멕시코군에게 살해당하는 사건이 발생하였다.

미국과 멕시코의 충돌은 이미 예견된 것이었다. 미국은 이에 앞서 1845년 초에 텍사스 공화국을 합병함으로써 미국의 한 주로 편입시켰다. 자국의 영토를 빼앗긴 멕시코인들은 분개했고, 이후 캘리포니아와 애리조나 등지의 국경선 문제로 인해 갈등이 쌓여 갔다.

결국 그해 3월 멕시코는 미국과의 관계를 끊었다. 이에 미국의 제임스 녹스 포크(James Knox Polk : 1795~1849) 대통령은 멕시코와 텍사스 국경 분쟁에 대해 협상하고 최고 3,000만 달러에 뉴멕시코와 캘리포니아를 사들이기 위한 목적으로 멕시코시티에 비밀 사절을 파견했다.

그러나 멕시코 정부는 미국의 사절을 만나주지도 않았다. 이를 빌미로 삼아 포크 대통령은 1846년 1월 분쟁 지역을 점령하도록 명령을 내렸다. 이에 멕시코 군대가 리오그란데 강을 건너 미군을 공격하자 그해 5월 미국 또한 멕시코에 선전포고를 하면서 전쟁이 시작되었다.

하지만 미군은 멕시코군보다 4배가량이 많은 병사들을 앞세워 멕시코군을 격파하고 뉴멕시코의 수도 샌타페이를 점령하였다. 그리고 이어 이듬해인 1847년 3월에는 역사상 최초의 수륙 양용 군사 작전을 수행해 멕시코 베라크루스에 상륙하였다. 결국 9월 14일 멕시코의 수도 멕시코시티는 윈필드 스콧(Winfield Scott : 1786~1866)이 지휘하는 미군에게 함락되었다.

그 결과, 1848년 2월에 멕시코 과달루페 이달고에서 과달루페 이달고 조약이 맺어졌다. 그리고 미국은 리오그란데에서 태평양 연안에 이르기까지 130km²가 넘는 멕시코 땅을 차지하게 되었다.

2007년 9월 14일

일본 달 탐사 무인 위성 '셀레네' 발사 성공

2007년 9월 14일, 일본의 달 탐사 무인 위성 '셀레네'를 실은 H2-A 로켓 13호가 가고시마 현 다네가시마 우주 센터에서 발사됐다.

일본은 미국의 아폴로 우주선 발사 이래 최대의 달 탐사 프로젝트로 불리는 셀레네SELENE 프로젝트를 1999년부터 추진하며 로켓과 지상 설비를 포함해 약 550억 엔을 투입했다. 일본은 이미 1990년 달 탐사선 '히텐'을 쏘아 올려 달의 중력을 이용한 궤도 변경 실험을 했고, 1991년에는 달 탐사 위성 '루나 A'를 개발하다 실패한 바가 있었다.

일본 달 탐사 프로젝트의 공식 명칭은 그리스 신화에 나오는 달의 여신 셀레네였지만 일본 전래동화에 나오는 아름다운 공주의 이름인 '가구야'라는 애칭으로 더 알려져 있다.

가로, 세로 약 2m에 높이 4.8m의 직육면체로 무게가 약 3t 정도인 가구야 위성은 그해 12월부터 달의 고도 약 100km 상공을 선회하면서 14종류의 관측 기계를 이용, 달의 기원과 진화 연구를 위한 자료 수집은 물론 미래의 달 이용에 필요한 다양한 관측을 수행하였다.

일본은 가구야의 탐사 결과를 토대로 2013년에는 달 착륙선을 띄우고 2018년에는 암석 샘플을 지구로 가져온다는 계획을 세웠다. 2020년에는 우주인을 파견하고 2030년에는 달 기지를 건설하는 등의 원대한 계획도 세워놓고 있다.

한편 일본의 달 탐사선 발사에 자극받은 중국은 그해 10월에 최초의 달 탐사 무인 위성 '창어嫦娥 1호'를, 인도는 이듬해인 2008년 10월에 같은 목적의 '찬드라얀 1호'를 발사하였다.

이후 미국, 러시아, 유럽에 이어 일본, 중국, 인도 등 아시아 3국의 달 탐사를 위한 경쟁이 치열해졌다.

1927년 9월 14일

미국의 무용가 이사도라 덩컨 사망

이사도라 덩컨(Isadora Duncan : 1877~1927)은 창작 무용을 높은 예술의 경지까지 끌어올린 현대 무용의 선구자라는 평가를 받는다.

덩컨은 1877년 미국 샌프란시스코에서 태어났다. 그녀는 거의 독학으로 무용을 공부하였다. 이후 덩컨은 시카고에서 데뷔하였으나 실패하여, 성공을 위해 값싼 가축 운반선을 타고 영국으로 건너갔다.

영국 대영박물관의 그리스 조각상에서 깊은 인상을 받은 덩컨은 고전적인 춤사위에 바탕을 둔 자신만의 독특한 무용을 선보였다. 유럽 특히 독일에서 그녀의 춤은 관객들의 큰 호응을 받았다.

1905년에 소련 방문을 계기로 그곳에 무용학교를 세워 아이들을 가르쳤다. 1922년에 미국에서 공연을 가졌으나 공산주의 첩자라는 소리를 듣고 고국과 이별하였다. 그리고 베를린 등지에 무용학교를 세워 무용수 양성에 힘썼다.

하지만 1927년 9월 14일 덩컨은 프랑스 니스에서 자신이 타고 있던 차의 뒷바퀴에 스카프가 말려들어가 질식사하였다.

9월의
모든 역사

9월 15일

■
■
■

1915년 9월 15일

중국의 사상가 천두슈,
문학잡지 『신청년』을 창간하다

"근대 서양 사람이 다른 민족보다 우월하게 된 것은 과학이 일어났기 때문이다. 과학의 업적은 인권론만큼 위대하다. 나라 사람들이 몽매한 데서 벗어나 천박한 백성을 깨우치려면 바로 과학과 인권을 함께 중시해야 한다."

-천두슈, 『신청년』 창간사를 대신한 「경고청년敬告靑年」

중국은 신해혁명으로 아시아 최초의 공화정을 수립하였다. 그러
나 공화정에 대한 교육과 훈련을 받지 못한 중국인들은 공화정부
를 제대로 운영할 수 없었다. 무술변법을 이끌었던 캉유웨이(康有爲 :
1858~1927)는 이런 중화민국 정부를 비판하였다.

"이름은 공화이지만 실제는 서로 싸우고 다투는 혼란이고, 이름은 자유이
지만 실제는 스스로 죽고 망하는 것이며, 이름은 애국이지만 실제는 매국
이니, 우리 국민이 이를 참아야 하는가."

서양의 군대와 사상에 일방적으로 쫓기던 중국인 중에는 캉유웨이
의 비판을 받아들이는 사람이 많았다. 두야주안(杜亞泉 : 1873~1933)은
1913년 자신이 창간한『동방잡지』에서 전통과 중국 고유 사상을 옹호
하였다.

중국은 서양 물질 문명에 대하여 흡수할 것이 있으며 국체와 정체도 서방
의 것을 참고하여 개혁을 진행할 수 있다. 그러나 도덕과 문화, 종교와 사
회, 풍습과 가족 제도는 고치기 어렵다.

또한 서양의 공화정은 중국에 맞지 않으며 공자(孔子 : B.C. 551~B.C.
479)의 가르침을 따라 서양 세력에 대응해야 한다고 주장하기도 했다.
그래서 공교회孔敎會 · 공도회孔道會 · 공사孔社 등의 단체가 위안스카이(袁
世凱 : 1859~1916) 정부의 보호 아래 설립되었다.

위안스카이는 1913년 6월에 공자를 높이라는 공존령孔尊令을 발표하
였으며, 스스로 황제가 되려는 제제帝制 운동을 전개하였다. 이에 맞서

개혁적 신지식인층은 신문화 운동으로 국민 계몽에 나섰다.

신문화 운동은 1915년 9월 15일 천두슈(陳獨秀 : 1879~1942)가 문학 잡지인 『신청년新靑年』을 창간하면서 시작되었다. 『신청년』에는 천두슈 외에 문학가 루쉰(魯迅 : 1881~1936)·중국 공산당의 공동 설립자 리다자오(李大釗 : 1889~1927)·역사학자 첸쉬안퉁(錢玄同 : 1887~1939)·시인 후스(胡適 : 1891~1962)·심윤묵(沈尹黙 : 1883~1971) 등이 참여했다.

이들은 '민주民主'와 '과학科學'의 구호를 내걸고 봉건사회의 정신적 기반이었던 공교孔敎와 예법禮法 같은 유교 윤리를 비판하였으며, 대가족 제도의 부정, 여성 해방, 백화白話 운동을 전개하였다. 또한 청년들이 썩은 옛 사상을 벌이고 새로운 생각新思考으로 무장하여 나라를 구해야 한다고 주장하였다.

『신청년』의 지식인들이 보인 주장은 혼돈과 암흑 속에서 좌절하고 고민하는 젊은 지식인들에게 큰 영향을 끼쳤다. 후스가 주장한 백화 운동은 문어文語에 구어체口語體를 채택하여 새로운 활력을 주고 일반인들이 좀더 쉽게 사용하려는 뜻에서 시작되었으며, 사상과 감정을 있는 그대로 표현하여 전통적인 정신구조의 개혁을 목표로 하였다. 이는 동시에 일부 지식인층만이 누리는 문학을 일반 국민들이라면 누구나 즐기게 하려는 문학 혁명이었다.

루쉰은 소설 『광인일기』를 『신청년』에, 『아Q정전』을 베이징 신문에 백화문으로 발표하면서 문학 혁명을 주도하였다. 『광인일기』에서 주인공은 역사책의 '자비·정의·미덕·진실'이라는 줄 사이에 '식인食人'이라는 두 글자가 반복되고 있음을 발견하였다.

루쉰은 이를 통해 중국 문화가 많은 사람들의 불행을 대가로 한 주인을 위한 문화라고 지적했다. 백화 운동은 문학 혁명으로만 그친 것이 아니라 신문 · 정기간행물 · 공문서 등에 백화를 사용하도록 하는 데 성공하여 중국 문화생활에 커다란 변화를 일으켰다.

신문화 운동은 1919년에 일어난 5 · 4 운동까지 이어졌고, 이 둘을 합해 '오사 신문화 운동'이라고도 한다.

『신청년』은 5 · 4 운동 이후 마르크스-레닌주의와 러시아 연구를 중심으로 기사가 작성되었으며, 1925년에 정간되었다.

* 1919년 5월 4일 '중국, 5 · 4 운동이 발발하다' 참조

1835년 9월 15일

영국의 생물학자 찰스 다윈이 탄 비글호, 갈라파고스 제도에 도착

1835년 9월 15일 영국의 박물학자인 찰스 다윈(Charles Robert Darwin : 1809~1882)은 비글호를 타고 남미 에콰도르 해안으로부터 1,000km쯤 서쪽으로 떨어진 태평양의 갈라파고스 제도에 도착하였다.

옛 스페인어로 말안장을 뜻하는 갈라파고스 제도에는 체중 400kg에 달하는 갈라파고스코끼리거북, 몸길이가 1.5m에 달하는 이구아나, 갈라파고스펭귄, 핀치 등 고유 생물이 풍부하였다. 그는 그곳에 약 5주 동안 머물면서 작은 새들을 표본으로 가져왔다.

다윈은 가져온 새들 중 10여 마리가 모두 핀치류라는 사실을 조류학자 존 굴드(John Gould : 1804~1881)에게서 듣고 깜짝 놀랐다. 제각기 부리가 달라 같은 종류인 줄은 꿈에도 몰랐던 것이다. 더구나 이 새들을

어느 섬에서 잡았는지를 정확히 표시해 두지도 않았다.

하지만 새들이 모두 한 종류에 속하고, 섬마다 서로 다른 부리를 가진 새들이 살고 있다는 점에서 진화론의 논거를 발견해 내었다.

그 후 다윈은 갈라파고스 섬을 방문한 지 20여 년이 지나서야 진화론을 정리하는 작업을 시작한다. 그리고 1859년 11월 22일 『자연선택에 의한 종의 기원에 관하여』를 출간하면서 유럽 사회에 엄청난 파문을 일으켰다.

생물이 자연환경에 적응하면서 스스로 진화하거나 멸종한다는 다윈의 진화론은 완벽한 신이 자연계에 한 치의 빈틈도 없이 온갖 생명체를 촘촘히 심어놓았고, 각자의 자리는 단단히 고정돼 있다는 설계론 또는 창조론의 개념을 뿌리째 흔들어 놨기 때문이다.

진화론은 마르크스의 공산주의와 프로이트의 정신분석학의 탄생에도 결정적 영향을 미쳤다. 처음에는 철학과 사회학·정치학·경제학 등 인문사회학에 영향력이 컸고, 정작 자연과학 분야에서는 그리 큰 환영을 받지 못했다.

하지만 20세기 중반 이후 발생학·의학·분자생물학 등 많은 자연과학이 진화론의 관점을 수용하면서 진화를 거듭하고 있다.

* 1809년 2월 12일 '영국 생물학자 찰스 다윈 출생' 참조
* 1859년 11월 22일 '찰스 다윈, 『자연선택에 의한 종의 기원에 관하여』 출간' 참조

—

1935년 9월 15일

독일 뉘른베르크법 공포

—

1935년 9월 15일 독일 뉘른베르크에서 대규모 나치당 대회가 열렸다. 이들은 이날 '독일제국 시민법'과 '독일인의 혈통과 명예를 지키기 위한 법(순혈보호법)'을 제정 · 공포하였다. 이른바 '뉘른베르크법'이라고 불린다. 이로써 홀로코스트의 서곡이 울려 퍼졌다.

독일 나치는 이미 1933년에 단종법斷種法을 공포하였다. 영국의 병리학자 프란시스 칼턴(Francis Galton : February 1822~1911)에 의해 탄생한 우생학을 앞세워 유대인 말살의 근거를 마련한 것이었다. 이 법은 악질 유전이 예상되는 병에 대해 우생 재판소가 단종 수술을 할 수 있도록 허용하였다. 결국 이 법으로 40만 명이 단종 수술을 강요당했고, 10만 명은 안락사를 당했다.

나치 총통 아돌프 히틀러(Adolf Hitler : 1889~1945)는 여기에 그치지 않고 2년 후에 뉘른베르크법까지 제정함으로써 유대인을 사회로부터 추방하고 급기야는 학살로까지 몰고 갈 수 있는 법적인 토대를 완벽하게 구축하게 됐다.

뉘른베르크법과 뒤이은 부속 법령으로 유대인은 독일 시민권이 박탈되고 상업 활동이 금지됐으며, '열등 인종'인 유대인 남성이 독일 여성과 성관계를 가질 경우 사형에까지 처해지게 됐다. 여권에는 유대인Jude을 뜻하는 붉은색의 낙인 'J'가 찍혔다.

제2차 세계 대전이 발발하고 독일이 국가 비상 전시 상태에 돌입했을 때, 유대인에 대한 차별은 더욱 엄격해져 유대인은 '게토'라 불리는 특정 지역 안에서만 살아야 했고 '다윗의 별'이라는 배지를 달아야 했다.

1959년 9월 15일

소련의 공산당 서기장 흐루시초프 미국 방문

니키타 흐루시초프(Nikita Sergeevich Khrushchyov : 1894~1971)는 1959
년에 열린 제21차 소련 공산당 전당 대회에서 소련은 자본주의 국가들과
평화적으로 경쟁하겠다는 요지의 연설을 하였다.

그리고 그해 9월 15일에 미국을 방문하여 군비 축소를 위한 데탕트
détente 외교를 시작했다.

그는 냉전 체제에서 미국과 군비 경쟁이 어렵다고 생각하였으며, 서
방과 긴장 완화를 추구하여 소련의 경제적 빈곤을 극복하고자 하였다.

하지만 흐루시초프의 대미 외교는 미국의 케네디(John Fitzgerald
Kennedy : 1917~1963) 대통령에게 받아들여지지 않았으며, 오히려 중 ·
소 이념 분쟁의 원인이 되었다.

9월의
모든 역사

9월 16일

■
⋮
■

1987년 9월 16일

오존층 파괴 물질의 규제에 관한 국제 협약인 몬트리올 의정서를 채택하다

이 의정서의 당사자는 오존층 보호를 위한 비엔나 협약의 당사자이다. 당사자는 특정 물질의 세계적인 배출로 인해 오존층이 현저히 파괴되거나 변화되어 인간의 건강과 환경에 역효과를 초래할 수 있음을 인정한다.

-몬트리올 의정서 전문前文

미국 항공 우주국NASA은 1993년 2월 26일 남극 대륙 상공 오존층이 절반가량 파괴되었으며 오존 홀이 점점 넓어지고 있다고 발표했다.

당시 남극 오존층에 생긴 구멍의 넓이는 남한 면적의 323배에 이르는 3,200만km²였다. 지상 16~48km 사이의 성층권에 형성되어 있는 오존층은 태양으로부터 지구에 방사되는 유해 자외선을 거의 흡수한다.

따라서 오존층이 파괴되면 유해 자외선이 지구로 유입되면서 지구의 생명체를 위협하게 된다. 예를 들어 오존 1%가 감소하면 지구 표면으로 쏟아지는 유해 자외선의 양이 2%나 증가하여 피부암의 발생률이 4~6%가량 높아진다.

또한 지나친 자외선은 물질의 화학 결합을 깨뜨려 생명의 본질인 DNA 분자를 분리시키기 때문에 피부암과 백내장을 유발시킬 수 있다.

오존층을 파괴하는 물질은 프레온 가스라고 불리는 염화불화탄소CFCs를 비롯해 할론holon, 메틸 브로마이드 등 100여 개의 물질이 있다. 특히 냉장고, 에어컨, 자동차 냉방 장치, 스티로폼, 에어로졸 스프레이, 소화기 등에 쓰이는 CFCs와 할론 가스가 오존 파괴의 주범으로 지목받았다.

영국의 환경운동가이자 과학자인 제임스 러브록(James Ephraim Lovelock : 1919~)은 대기 중에 CFCs가 존재한다는 사실은 알아내고, 1974년에 「CFCs로 인해 발생하는 오존 파괴와 과학적 우려」라는 성명서를 발표하였다. 같은 해 미국의 로우랜드 교수는 CFCs가 성층권으로 퍼져나가 오존분자 O_3를 파괴하는 과정을 과학적으로 설명하였다.

처음에는 로우랜드 교수의 학설에 대해 많은 비판이 있었지만, CFCs 사용이 전 세계적으로 증가하면서 구체적인 방지책을 찾기에 이르렀다. 그래서 1977년 3월, 유엔 환경 계획UNEP이 주관한 회의가 워싱턴에서 열렸는데, 특히 초음속 항공기의 배기가스가 오존에 미치는 영향에 대해 심각한 우려를 나타냈다.

이에 따라 1978년에 에어로졸 충전제로 CFCs를 별다른 이유 없이 사용하지 말자는 캠페인이 벌어져 CFCs 사용 금지 법안이 통과되기도 했다. 유럽 연합은 1981년 말까지 에어로졸 분사제로 쓰이는 CFCs 사용을 적어도 1976년 수준의 30%까지 줄이기로 했다. 그리고 UNEP는 오존 파괴 문제를 국제적인 문제로 다루기로 결정하였다.

UNEP의 집행 위원회는 1981년 오존층 보호 계획 작성을 위한 업무팀을 만들었다. 이들은 오존층 파괴 문제를 다루기 위해 보편적인 국제 조약을 만들려고 노력하였다. 미국은 이미 1973년에 전 세계 CFCs 총생산의 40%를 차지하였으며, 동시에 최대의 CFCs 소비국으로 오존층 파괴의 주범이었다. 하지만 1978년에 이르러서야 스프레이와 같은 분사제에 CFCs 사용을 금지하였고, 1981년에 대기정화법을 고쳐 CFCs 규제에 나섰다.

하지만 유럽은 과학적 근거가 확실치 않다는 핑계를 대었고 수출을 우려해 CFCs 생산 규제에 적극적이지 못했다. 결국 CFCs와 관련된 당사자들의 이해 관계 때문에 업무팀은 별다른 성과를 이끌어낼 수 없었다. 그래서 1985년이 되어서야 28개국이 오존층 보호를 위한 비엔나 협약을 채택할 수 있었다.

이 협약은 오존층 파괴의 영향으로부터 지구와 인류를 보호하기 위해 최초로 만들어진 보편적인 국제 협약이다. 하지만 국가 사이의 갈등으로 오존층 파괴를 예방하기 위한 더욱 자세한 조치를 마련하는 데에는 실패하여, CFCs 생산이나 소비를 줄이기 위한 실질적인 방안을 만들어 내지 못했다. 다만 지구 환경 문제를 결과가 분명히 보이거나 과학적으로 완전히 증명하기 전에 '사전 예방'하자는 데 원칙적으로 동의하였다.

이후 의정서를 작성하기 위한 논의가 계속되었고, 1985년 5월에 지구 물리학자 조 파먼(Joseph Charles Farman : 1930~)이 이끄는 영국 과학자들이 남극 대륙의 심각한 오존 감소에 관한 첫 번째 증거를 제시하였다. 결국 1987년 9월 16일 오존층 파괴 물질의 생산 및 소비 삭감을 주요 내용으로 하는 몬트리올 의정서가 채택되었다.

의정서에 따르면, 개발도상국이 아닌 당사국은 1999년까지 5가지 주요 CFCs의 생산량과 소비량을 1986년 수준의 50%로 감축할 것을 요구받았다. 또한 할론의 생산량과 소비량은 1993년부터 1986년 수준으로 동결되었다. 그리고 의정서에 가입하지 않은 나라에 대한 통상 제재와 규제 수단을 다시 토론하자는 규정도 담았다.

한편 1994년 제49차 유엔 총회에서는 몬트리올 의정서 채택일인 9월 16일을 매년 '세계 오존층 보호의 날'로 지정하였다.

—
1810년 9월 16일

멕시코, '돌로레스의 외침'으로 독립 전쟁이 시작되다

—

멕시코인들이여, 눈을 떠라. 이 기회를 이용하라. 사랑하는 멕시코인들이여, 행운이 우리 손에 자유를 주려 하는구나. 지금 에스파냐의 사슬을 끊지 않으면, 그대들의 불행은 영원하리니.

-1808년 멕시코시티에 쓰인 낙서

프랑스의 나폴레옹 1세(Napoléon I : 1769~1821)가 에스파냐를 점령

한 1808년, 에스파냐의 식민지 멕시코에서는 독립을 이룰 수 있는 절
호의 기회가 다가왔다. 에스파냐가 나폴레옹과 독립 전쟁을 치르는 동
안 멕시코 통치에 소홀할 수밖에 없었던 것이다.

　가톨릭 신부인 딸라만떼스는 독립을 이루자는 유인물을 만들어 나누
어 주었다.

　멕시코 땅은 독립할 수 있으며, 독립은 가능할 뿐만 아니라 반드시 이루어
　야 하는 것이다.

　1521년 멕시코의 아즈텍 문명이 에스파냐 장군 에르난 코르테스
(Hernan Cortes : 1485~1547)에게 정복된 후 300년 동안 멕시코는 에스
파냐 부왕의 영토(누에바에스파냐)였다. 그러나 미국의 독립과 프랑스
혁명이 전해지면서 멕시코뿐만 아니라 중남미에서는 독립의 기운이 일
어나고 있었다. 에스파냐의 가혹한 중상주의 정책과 몰락은 멕시코의
반란으로 이어졌다.

　그리고 그 반란은 1810년 9월 16일 돌로레스 교구 신부인 미구엘
이달고(Miguel Hidalgo y Costilla : 1753~1811)의 '돌로레스의 외침Grito de
Dolores'에서 정점을 이루었다.

　이달고는 이날 새벽 "과달루페의 성모여, 영원하라. 나쁜 정부와 가
추피네스에게 죽음을!"이라 외치고 멕시코의 독립 운동을 이끌었다. 그
는 원주민들을 이끌고 부왕의 군대를 쳐부수었고 정치범들을 석방하
였다. 또한 노예 제도를 폐지하였고, 토지를 원주민들에게 돌려줄 것을
약속했다.

　이달고는 1811년 1월 부왕의 군대에게 포로로 잡혀 죽었지만 멕시코

의 독립 전쟁은 계속되었다. 이달고의 참모였던 호세 마리아 모렐로스 (José María Morelos : 1765~1815) 신부는 1813년 멕시코의 독립을 선포하고 1815년 체포되기까지 전쟁을 이끌었다.

이후 멕시코의 독립 전쟁은 5년 동안 약화되었지만 이뚜르비데 (Agustin de Iturbide : 1783~1824)라는 인물이 나타났다. 그는 부왕의 군대에 속했던 군인이었지만, 자유주의 헌법이 무효화되면서 신분의 위협을 느끼고 있었다.

1821년 2월 이뚜르비데는 이괄라에서 멕시코인이 에스파냐인과 동등한 권리를 누려야 한다는 '이괄라 계획'을 발표하였다. 당연히 그의 계획은 부왕에게 거부당했고 반역자의 낙인이 찍혔다.

그러자 이뚜르비데는 군대를 이끌고 1821년 9월 27일에 멕시코시티를 점령하였고, 멕시코는 에스파냐로부터 독립하였다.

* 1521년 8월 11일 '멕시코의 아즈텍 문명, 에스파냐에 의해 멸망되다' 참조

1920년 9월 16일

월 가 폭탄 사건 발생

1920년 9월 16일 미국 금융의 중심지 월 가에서 마차에 실려 있던 폭탄이 터졌다. 이 사고로 38명의 사망자와 300명의 부상자가 발생하였다. 이 사건은 1995년 오클라호마 폭탄 테러 사건이 발생하기 전까지 미국에서 일어난 가장 파괴적인 테러 행위로 기록될 만큼 많은 사상자를 발생시켰다.

폭탄이 터지기 전, 세다 스트리트Cedar Street와 브로드웨이Broadway의 모퉁이에 있는 편지함에 경고장이 놓였다. 이 경고는 다음과 같았다.

'우리가 더 이상 묵인하지 않을 것임을 기억하라. 정치범들을 풀어주지 않으면 너희들 모두는 죽을 것이다.'

　　　　　　　　　　　　　　　－미 무정부주의자 전사들American Anarchists Fighters

이후 미 연방 수사국FBI은 사건의 배후를 밝히기 위해 노력하였다. 또한 시중에는 누가 월스트리트 폭탄 테러의 배후이고, 왜 그들이 그런 행동을 했는지에 대한 많은 의견들이 있었다.

하지만 FBI는 20년이 넘는 조사에도 불구하고 범인을 찾지 못하였다. 1944년 FBI는 "이탈리아인 무정부주의자들이나 이탈리아인 테러리스트의 소행으로 보인다."고 잠정 결론을 내리고 사건을 종결하였다.

따라서 월 가 폭탄 사건의 범인들은 잡히지 않았고, 사건과 관련해 법정에 선 사람도 없었다. 2012년 현재까지도 미제 사건으로 남아 있다.

＊ 1995년 4월 19일 '미국, 오클라호마 폭탄 테러 사건 발생' 참조

1620년 9월 16일

청교도 102명을 태운 메이플라워호, 영국의 플리머스 항을 출발

우리들은 언제든지 공평하고 정의로운 법률, 명령 등을 만들어 헌법을 제정하며, 우리들은 이 모든 것에 당연히 복종할 것을 서약한다.

-「메이플라워 서약」

영국의 종교 박해를 피하여 네덜란드 레이덴에 머물러 있던 청교도인들은 수공업 조직인 길드에 가입할 수 없었다. 경제적으로 힘든 생활이 계속되고 아이들이 이교도들과 어울리자 네덜란드를 떠나려는 청교도인들이 생겼다.

이 중 35명은 런던의 머천트 어드벤처러스 회사와 계약을 맺었다. 회사는 이들에게 아메리카로 데려다 주는 대가로 정착지에서 생긴 이득을 받기로 했다.

1620년 9월 16일 35명의 청교도인들과 승객 67명을 태운 메이플러워Mayflower호는 영국의 플리머스 항을 출발하였고 12월 21일 매사추세츠주 연안에 도착하였다.

정착지는 플리머스 식민지가 되었고, 영국의 미국 식민지 건설이 시작되었다.

9월의
모든 역사

9월 17일

■
·
■

1948년 9월 17일

『국화와 칼』을 쓴
미국의 문화인류학자 베네딕트가 사망하다

일본에게 있어 칼이란 공격의 상징으로서가 아니라, 이상적이며 훌륭히 자기 행위에 책임을 지는 인간을 일컫는 것이다. 오늘날 일본은 서구적 의미에서 칼을 버리고 항복할 것을 제의하였다.

그런데 일본적인 의미에서 일본인은 여전히 녹슬기 쉬운 마음속의 칼을 녹슬지 않게 하는 일에 마음을 쓰는 강점을 지니고 있다.

-루스 베네딕트, 『국화와 칼』

제2차 세계 대전 중이던 1944년 10월 25일 오전 10시, 필리핀 민다 나오 섬을 출발한 6대의 가미가제 비행기가 사미르 앞바다에 있던 미 국 스프레이규 해군 소장의 함대에 자살 공격을 시도하였다. 이 때문에 호위항모 생가몬Sangamon호에 화재가 발생했다.

그리고 오후 1시에 다시 5대의 가미가제 비행기가 날아와 자살 공격을 시도하였다. 생가몬호는 화재에 이은 화약고 폭발로 결국 침몰하였다.

서양인들에게 충격적으로 다가온 일본인의 이런 행동은 이미 세계 대전 중에 연구 대상이 되었다. 미국은 그들의 적인 일본에 대해 파악 하여 전쟁을 예측하고 심리전을 준비해야 한다고 생각했다.

1944년 6월 미국 국무부는 컬럼비아 대학교 인류학과 교수인 루스 베네딕트(Ruth Fulton Benedict : 1887~1948)에게 일본에 관한 연구를 부 탁했다. 베네딕트는 33세 때인 1920년에야 미국 인류학의 창시자로 불 리는 프란츠 보아스(Franz Boas : 1858~1942) 교수 아래에서 인류학 공 부를 시작하였지만 3년 만인 1923년에 박사 학위를 받은 유능한 학자 였다.

하지만 그녀는 난청이었고 동성애자였으며 남성 중심이 된 사회에 서 약자로 취급받는 여자였다. 이 때문인지 연구의 중심은 보통과 다른 '이질異質적인 것'들에 관심이 많았고 '이질성'을 이해하려 하였다. 즉 인 류학자로서 '이질성과 문화'라는 주제로 공부를 했다.

1923년에 발표한 논문이 「북아메리카 수호신의 개념」이었는데, 이 연구는 미국 사회에서 이질적인 존재로 취급받는 인디언에 관한 것이 었다. 그녀는 1920년대 미국 인디언 부족에 대한 연구를 계속하여 1934년에 「문화의 유형」이라는 유명한 논문을 발표하였다.

그녀는 뉴멕시코의 주니족, 밴쿠버의 콰키우틀족, 멜라네시아의 도

부족을 연구하였다. 그리고 문화를 주니족과 같이 질서정연한 삶을 영위하며 모든 일을 정확하게 처리하는 아폴론Apollon형, 콰키우틀족과 같이 일상적 틀에서 벗어나는 모든 수단을 가치 있게 받아들이는 디오니소스Dionysos형으로 구분하였다. 즉 주니족에게 정상적인 것이 콰키우틀족에게는 비정상적인 것이 되는 것이고, 그 반대도 마찬가지이다. 이것은 유일하고 객관적 진리는 존재하지 않는다는 상대주의적 입장에 서 있는 것이다.

1944년 미국 국무부의 요청에 따라 쓴『국화와 칼』도 북미 인디언들을 연구하던 방법론으로 일본을 연구한 것이다. 당시 그녀는 일본에 대해 아는 것이 거의 없는 상태에서 연구를 시작했다. 그리고 그해 10월에 일본인의 심리를 연구하는 정신과 의사를 위해「정신과 의사가 검토해야 할 일본인의 전의」라는 보고서를 작성하였다.

그리고 1945년에는「일본인의 행동 패턴」이라는 보고서를 제출하였고, 이를 바탕으로 1946년에『국화와 칼』을 편찬하였다. 이 책에서 베네딕트는 일본인의 '이중성'을 '국화'와 '칼'로 상징하고 있다. 그리고 아름다움을 추구하면서 칼을 숭배하는 일본인의 극단적인 이중성은 서로 모순된 것이 아니라고 결론지었다.

베네딕트는『국화와 칼』을 편찬한 지 2년 만인 1948년 9월 17일 61세를 일기로 사망하였다.

1796년 9월 17일

미국 초대 대통령 조지 워싱턴, 「고별사」 발표

1732년 2월 22일 조지 워싱턴은 영국의 식민지였던 아메리카에서 부유한 지주의 아들로 태어났다. 그는 1752년 이복형이 죽자 마운트버넌의 광대한 토지와 버지니아 민병대 부대장직을 이어받았다.

이후 워싱턴은 북아메리카 식민지를 둘러싸고 영국과 프랑스 사이에 벌어진 전쟁에서 활약했으며, 23세의 나이로 버지니아 식민지군 총사령관에 임명되었다.

영국의 승리로 전쟁이 끝난 뒤 영국 본국의 가혹한 식민지 정책이 계속되자 주민들의 반감이 커져갔다. 이것이 집단적인 저항으로 이어져 마침내 독립 전쟁이 일어났다.

제2차 대륙 회의에서 식민지군 총사령관으로 임명된 워싱턴은 특유의 결단력과 지도력으로 혁명군을 이끌었으며, 1783년 11월 마침내 13개 주가 영국으로부터 독립을 쟁취했다. 또한 독립 후에는 '연방 제도안'을 지지해 제헌회의 의장으로서 연방헌법을 제정하는 데 이바지했다.

1789년 4월 30일 미국 초대 대통령에 취임한 워싱턴은 신중함과 정확성, 분별 있는 판단력을 기초로 미국의 진로를 정하고 정부 운영의 선례를 확립하는 데 기여했다. 1792년 선거인단은 만장일치로 워싱턴의 대통령직 연임을 결정했지만, 그는 이후 4년간 의회와의 잦은 충돌로 힘겨운 시간을 보냈다.

결국 워싱턴은 1796년 9월 17일 또다시 대통령을 맡아 주기를 바라는 국민들의 요구를 거부하고 애국 충정으로 가득 찬 「고별사Farewell

Address」를 발표하였다.

"조국에 대한 고마움과 수 세대에 걸친 선조들과 이 땅에 뜨거운 애정을 느끼면서, 나는 은퇴 후에 누리고자 스스로 다짐했던 생활을 즐거운 마음으로 기대해 봅니다."

그리고 이듬해인 1797년 3월 워싱턴은 대통령직을 존 애덤스(John Adams : 1735~1826)에게 물려주고 고향인 버지니아로 돌아갔다.

* 1732년 2월 22일 '미국 초대 대통령 조지 워싱턴 출생' 참조
* 1776년 7월 4일 '미국, 필라델피아에서 독립 선언을 하다' 참조
* 1789년 4월 30일 '조지 워싱턴, 미국의 초대 대통령으로 집무를 시작하다' 참조

—

1980년 9월 17일

니카라과의 독재자 소모사 피살

—

1937년 중앙아메리카 중부에 있는 니카라과에서 쿠데타가 발생하였다. 국민 방위군 사령관 아나스타시오 소모사 가르시아(Anastasio Somoza Garcia : 1896~1956)가 일으킨 것이었다.

이후 아나스타시오는 군부 실력자로, 때로는 대통령으로 20년간 니카라과를 주무르며 철권통치를 행사해 왔다. 결국 아나스타시오는 1956년 9월 민주 청년 전선 회원에 의해 레온에서 살해당하였다.

하지만 이후 대통령직을 그의 큰아들 루이스 소모사 데바일레(Luis Somoza Debayle : 1956~1963)가 승계하였다. 루이스는 7년 동안 니카라과를 통치하다가 1963년에 재출마를 거부하였다. 이에 따라 니카라과에도 한때 민주주의 정부가 들어설 기회가 있었다.

하지만 국가수비대 사령관으로 군권을 장악한 동생 아나스타시오 소모사 데바일레(Anastasio Somoza Debayle : 1925~1980)가 집권하면서 그 꿈은 무산되었다.

소모사는 아버지를 빼닮아 역시 정계 · 재계 · 군부를 한 손에 틀어쥐고 폭압 정치를 펼쳤다. 결국 국민 저항과 국제 여론을 이기지 못하고, 1979년에 소모사는 대통령직을 사임하였다. 미국으로 망명한 그는 니카라과로 복귀할 날만을 손꼽아 기다렸다.

하지만 1980년 9월 17일, 소모사는 니카라과의 수도 아순시온의 시가지를 지나는 도중 바주카포와 기관총 세례를 받고 사망하였다. 니카라과의 독재 가문 소모사가家가 43년 만에 종말을 고하는 순간이었다.

—

1978년 9월 17일

이집트와 이스라엘, 캠프 데이비드 협정 체결

—

이스라엘은 1967년 6월 이집트의 시나이 반도를 공격하여 무력으로 점거하였다. 1977년에 이집트의 무하마드 안와르 사다트(Mohammed Anwar Sadat : 1918~1981) 대통령이 이스라엘을 방문하였지만 평화 협상은 진전이 없었다.

이에 미국의 지미 카터(James Earl Carter Jr. : 1924~) 대통령은 1978

년 9월 이집트의 사다트 대통령과 이스라엘의 메나헴 베긴(Menachem Wolfovitch Begin : 1913~1992) 총리를 미국 대통령 휴양지인 캠프 데이비드로 초청하여 두 나라의 논쟁을 조정하였다.

9월 17일 이집트와 이스라엘의 두 정상은 이스라엘군의 시나이 반도 철수와 이스라엘 선박의 수에즈 운하 통행권 보장을 골자로 하는 평화 조약을 위한 기초안에 합의를 보았다.

그리고 이듬해 3월 평화 조약에 공식적으로 서명하였다.

* 1967년 6월 5일 '이스라엘과 아랍 간의 제3차 중동 전쟁이 시작되다' 참조

9월의
모든 역사

9월 18일

1973년 9월 18일

동독과 서독, 유엔에 동시 가입하다

"우리는 단결하여 세계의 시민으로서 빈곤과 투쟁할 것입니다. 이
것은 해빙解氷 정책으로 해결할 수 있습니다. 우리 정부는 그것을 위
해 공동으로 노력해 왔습니다. 해빙은 결코 특별한 국가에게만 있
는 것이 아니라 모두가 누려야 하는 것입니다"

-서독 외무장관 발터 쉘, 1973년 유엔 총회 연설

제2차 세계 대전에서 패한 독일은 동독과 서독으로 나뉘어 소련과 서방의 연합군에게 분할 통치되었다. 1949년에는 두 진영에 공산주의와 자본주의 정부가 들어섬으로써 분단은 공식화되었고, 미국과 소련을 중심으로 한 냉전 체제 속에서 동독과 서독 정부는 각자의 길을 걸었다.

서독은 1949년 10월에 유럽 경제 협력 기구 가입, 1955년 북대서양 조약 기구에 가입하면서 친親서방 정책을 추진하였다. 특히 1955년 말에 소련을 제외하고 동독을 승인하는 국가와 외교 관계를 맺지 않는다는 '할슈타인 원칙Hallstein Doctrine'을 외교 정책으로 삼아 서독 정부가 독일의 유일한 대표임을 나타냈다.

동독 역시 소련의 지원 아래 경제 정책을 이끌어 갔으며 1955년 바르샤바 조약 기구에 가입하여 서독과 대립하였다. 특히 1961년에 동독 정부가 설치한 베를린 장벽은 분단의 상징이 되었다.

동독과 서독의 적대적인 대립 정책이 바뀌기 시작하는 것은 미국과 소련의 냉전 체제 해소 과정과 맞물려 있다. 특히 1962년에 발생한 쿠바 미사일 위기는 냉전으로 인류 전체가 멸망할 수 있다는 위기의식을 불러일으킨 사건이었다.

냉전을 끝내야 한다는 여론이 세계 곳곳에서 일어나고 있을 때, 독일에서는 사회민주당 총재 빌리 브란트(Willy Brandt : 1913~1992)가 1969년 총선거 이후 자유민주당과 연립 내각을 성립시켜 서독 총리로 선출되었다.

그는 서독 총리로는 처음으로 동독을 정식 국명인 '독일 민주 공화국'이라고 불렀고, 정부 성명을 통해 "비록 독일에 두 국가가 존재하더라도 그것은 서로 외국이 아니다."라고 선언하였다. 이에 대해 서독의 야당에서는 "우리 국가와 민족에게 어두운 시간"이라는 말을 써 가며 비판하였다.

한편, 브란트 총리는 할슈타인 원칙을 포기하고 1960년대 중반부터 추진되고 있던 동방 정책Ostpolitik을 공식적으로 추진하였다.

동방 정책은 처음에는 동유럽 국가와의 관계를 개선하여 동독을 외교적으로 고립시키려는 목적을 가지고 있었으나, 냉전 체제가 누그러지면서 수출 시장 확대를 위한 수단이 되었다.

또한 동방 정책은 미국과 서유럽의 해빙 정책과 같은 노선을 가진 것으로, 미국의 리처드 닉슨(Richard Milhous Nixon : 1913~1994) 대통령과 헨리 키신저(Henry Alfred Kissinger : 1923~) 외무장관이 추진하고 있던 동서 해빙 정책과 일치하는 것이었다.

동방 정책의 결과, 서독은 소련 및 폴란드와 무력 불행사 조약을 체결할 수 있었다. 브란트 총리의 이런 노력으로 서독은 1971년에 동독과 베를린 협정 및 우편과 통신에 관한 의정서를 체결하여 서독인들이 상업과 관광 목적으로 동독을 방문할 수 있게 되었다. 이로써 서독과 동독에서는 본격적인 인적 교류가 시작되었다.

1972년에는 동서독 기본 조약을 체결하여 자유 왕래가 정착되었으며 동서독 관계 정상화를 위한 기본 조약이 체결되었다. 그리고 1973년 9월 18일 제28차 유엔 총회에서 동독은 133개 회원국이, 서독은 134개의 회원국이 동독과 서독의 유엔 동시 가입을 승인하였다.

그 결과, 서독에 비해 고립되어 있던 동독은 세계에서 그 지위를 인정받을 수 있었다. 동독과 서독의 유엔 동시 가입은 우려와 다르게 두 나라의 분단이 고정되는 결과로 이어지지 않았다. 동서독의 정치 지도자와 국민들은 서로 교류와 협력을 확대하였고, 같은 민족으로서 동질성을 확인하는 지혜를 이끌어 냈다.

* 1949년 4월 4일 '북대서양 조약 기구 창설' 참조

* 1949년 5월 23일 '독일 연방 공화국 수립' 참조

* 1949년 10월 7일 '독일 민주 공화국 수립' 참조

* 1955년 5월 14일 '소련 등 동유럽 사회주의 8개국, 바르샤바 조약에 조인' 참조

* 1961년 8월 13일 '동독, 베를린을 동서로 나누다' 참조

* 1962년 10월 14일 '쿠바 미사일 사태 발생' 참조

* 1989년 11월 9일 '베를린 장벽이 붕괴되다' 참조

—

1985년 9월 18일

애플 컴퓨터 CEO 스티브 잡스 사임

—

애플의 CEO였던 스티브 폴 잡스(Steven Paul Jobs : 1955~2011)는 미국 샌프란시스코에서 1955년 2월 24일 조앤 시블과 압둘파타 존 잔달리의 아들로 태어났다. 하지만 시블 아버지가 부모의 결혼을 반대하여 폴 잡스와 클라라 헤고피언 부부에게 입양되었다.

잡스는 초등학교 시절 학교를 자주 빼 먹는 비행 청소년이자 사고뭉치였다. 겨우 학교생활을 하던 그는 히스키트라는 아마추어 전자공학 키트를 얻는 순간 인생의 전환점을 맞이하였다. 그는 이 키트 덕분에 전자 제품의 작동 원리를 익히게 되었다.

이후 잡스는 고등학교를 다니며 휴렛 패커드사에서 운영하는 방과 후 수업을 들었으며 스티브 워즈니악(Stephen Gary Wozniak : 1950~)과 함께 휴렛 패커드사에 여름 동안 임시 채용되기도 했다.

그는 1972년 리드 대학교에 다니다 1학기만 수강한 후 중퇴하였으며, 워즈니악의 권고로 컴퓨터 클럽에 나가게 되었다. 이어 잡스는 1976년 스티브 워즈니악, 로널드 웨인(Ronald Gerald Wayne : 1934~)과 동업으로 애플 컴퓨터를 설립했다.

그리고 애플 2를 만들어 개인용 컴퓨터를 대중화하였다. 또한, 그래픽 사용자 인터페이스GUI와 마우스의 가능성을 처음으로 내다보고 애플 리사와 매킨토시에 이 기술을 도입하였다. 하지만 잡스는 1985년 9월 18일 경영 분쟁에 휘말려 애플사에서 사임하였다.

이후 넥스트NeXT사를 세워 세계 최초의 객체 지향 운영 체제인 넥스트 스텝을 개발하였다. 1996년 애플사가 NeXT를 인수하게 되면서 잡스는 다시 애플사로 돌아오게 되었고 1997년에는 임시 CEO로 애플을 이끌었다.

잡스는 2007년에 아이폰을 출시하였다. 전 세계 휴대폰 사용자들은 아이폰의 쉬운 인터페이스와 파격적인 디자인에 매료되었다. 아이폰은 이후 출시된 대부분의 스마트폰에 큰 영향을 미쳤을 뿐만 아니라 통신 업계 전반을 뒤흔들었다. 문화적인 파급 효과도 지대했다.

또한 2010년에는 아이패드라는 태블릿 컴퓨터를 출시하면서 엄청난 성공을 거뒀다. 아이패드는 1년 만에 무려 1,900만 대가 판매되었고, 전 세계 곳곳에서 아이패드 품귀 현상이 일어났다. 이후 다른 회사들도 잇따라 태블릿 PC를 내놓았지만 아이패드에 비해서는 역부족이었다.

이후 컴퓨터 산업과 엔터테인먼트 산업의 중요한 인물 가운데 한 사람이 된 잡스는 하지만 개인적으로는 희귀암 발병 등 건강 문제에 시달렸다. 2004년 췌장암으로 수술을 받고, 2009년에는 간 이식 치료를 받았다.

2011년 8월 병세 악화로 다시 애플 CEO직을 사임했고, 사임 후 두 달이 채 지나지 않은 10월 5일에 56세를 일기로 사망하였다.

1931년 9월 18일

일본, 만주 사변을 일으키다

1931년 9월 18일 밤 10시경, 중국 동북부 션양 유조호柳條湖 근처의 남만주 철도 노선에서 작은 폭발이 일어났다. 이것은 일본 관동군의 참모 이타가키 세이시로(板垣 征四郞 : 1885~1948)가 계획적으로 일으킨 것이다.

그러나 일본 관동군은 이를 중국군이 일으킨 것이라고 트집 잡고 장쉐량(張學良 : 1898~2001)의 군대를 공격하여 만주 침략을 감행하였다. 일본 관동군은 이튿날인 9월 19일 새벽 펑톈 성, 동대영, 봉천 비행장 등을 점령하였고, 9월 21일에는 지린吉林 성마저 손에 넣었다.

류탸오후 사건柳條溝 事件 또는 만주 사변이라고 불리는 이 사건은 이후 15년 동안이나 계속되는 중일 전쟁의 시작이었다.

류탸오후 사건이 일어나자 난징의 국민당 정부는 장쉐량에게 "사건의 확대를 방지하기 위해 절대로 공격해서는 안 된다."는 명령을 내렸고 문제의 해결을 당시 개회 중이던 국제 연맹에 맡겼다. 일본의 와카스기 내각에서도 전쟁을 확대하지 않는다는 방침을 내세웠다.

그러나 일본의 관동군과 육군의 강경파들은 내각의 방침을 무시하고, 천황의 허가도 없이 조선군까지 중국 동북부로 보내 전쟁을 확대하였다. 결국 12월에 와카스기 내각은 무너졌다.

한편, 류탸오후 사건에 대한 중국의 제소로 국제 연맹은 그해 12월 연맹 이사회를 통해 영국의 빅터 불워 리턴(Victor Alexander George Robert Bulwer-Lytton : 1876~1947)을 단장으로 하는 조사단 파견을 결정하였다. 리턴 조사단Lytton Commission은 6주 동안 만주에 머물면서 조사를 벌여 일본의 침략을 확인하였다.

일본은 조사단의 보고에 항의하였지만 받아들여지지 않았다. 결국 일본은 1933년 3월에 국제 연맹에서 탈퇴하였고 1937년 7월 7일에 노구교蘆溝橋 사건을 일으켜 중일 전쟁을 시작했다.

* 1937년 7월 7일 '중일전쟁이 발발하다' 참조

1970년 9월 18일

미국의 기타리스트 지미 헨드릭스 요절

지미 헨드릭스(Jimi Hendrix : 1942~1970)는 1942년에 미국 워싱턴에서 태어났다. 그는 어린 시절부터 아버지가 모아 놓은 음반을 듣고 자랐다.

헨드릭스는 고등학교를 중퇴한 뒤 1960년대부터 프로 뮤지션의 길을 걸었다. 헨드릭스는 영국에서 '지미 헨드릭스 익스피리언스'라는 그룹을 결성하면서 명성을 얻기 시작했다.

1967년에 내놓은 데뷔 음반 「아 유 익스피리언스드Are you experienced」는 그를 스타덤에 오르게 했다. 이 음반에는 오늘날까지도 헨드릭스의 대표곡으로 꼽히는 「퍼플 헤이즈」「헤이 조」 등이 수록돼 있었다.

음반보다 인기를 끌었던 것은 헨드릭스의 현란한 무대 매너였다. 그는 얌전히 기타 현만 치는 연주자가 아니었다. 잔뜩 부풀린 머리를 하고 화려한 원색의 옷을 입은 채 무대에 오른 그는 등 뒤나 다리 사이로 기타를 연주했고, 가끔 이로 현을 물어뜯기도 했다. 연주 종반부에는 기타를 땅바닥에 내리쳐 부순 적도 많았다.

그리고 디스토션(음을 일그러뜨리는 주법), 피드백(기타 현과 앰프가 공명해 같은 음이 지속되는 주법) 등 혁신적인 기법을 도입해 기타 연주의 기존 틀을 부쉈다.

1969년 8월에 열린 우드스톡 페스티벌에서 연주한 「성조기여 영원하라」는 그의 가장 유명한 라이브이기도 하다. 헨드릭스 특유의 그로테스크하면서 과격한 주법으로 연주된 미국 국가에는 베트남 전쟁 등으로 일그러진 미국의 위상에 대한 히피들의 실망감이 담겨 있었다.

그는 1960년대 밴드 '도어스the Doors'의 리드 싱어 짐 모리슨(James Douglas Morrison : 1943~1971), 블루스 가수 재니스 조플린(Janis Lyn Joplin : 1943~1970)과 함께 청년 문화의 아이콘으로 떠올랐다.

하지만 헨드릭스는 유럽 투어 중 런던에서 파티를 하다가 쓰러진 뒤 다시는 일어나지 못했다. 1970년 9월 18일의 일이었다. 사인은 약물 과용 등으로 추정됐다. 당시 헨드릭스의 나이는 27세였다.

* 1969년 8월 15일 '미국의 록 페스티벌, 우드스톡 축제가 열리다' 참조

9월의
모든 역사

9월 19일

1899년 9월 19일

프랑스 대통령 에밀 루베,
육군 장교 드레퓌스를 특별사면하다

프랑스 공화국 대통령은 국방부 장관의 보고와 법무부 장관의 견해에 따라 다음과 같은 사실을 공포한다.

1항 : 렌 군사 법정이 드레퓌스에게 언도한 금고 10년형의 남은 형량을 면제하고 군적 박탈을 해제한다.

2항 : 국방부 장관은 본 대통령령의 시행을 책임진다.

-에밀 루베, 특별사면령

드레퓌스 사건은 1894년부터 시작한다. 그해 9월 프랑스 정보부는 프랑스에 있는 독일 대사관에서 훔친 편지 한 장을 입수하였다. 편지는 4mm씩 가로세로의 줄이 쳐 있는 누런빛의 타이프 용지였다. 보내는 사람의 이름과 날짜는 없었지만 수신인은 독일 무관인 슈바르츠코펜임이 틀림없었다. 다음은 편지의 일부이다.

'저를 만나겠다는 연락을 주시진 않았지만, 몇 가지 흥미로운 정보를 알려 드립니다.

1. 120mm 대포의 수압 브레이크 설명서와 취급 방법

2. 국경 수비대 관련 설명서

3. 포병대 구성 변경 사항

제가 시안 전문의 사본을 떠서 전해 드릴 수도 있습니다. 저는 지금 작전에 참가하러 갑니다.'

편지를 살펴보던 정보부 앙리 소령은 정보 부장 상데르 대령에게 보고했다. 참모 본부에서는 이 편지를 '명세서'라고 부르기로 하고 스파이를 잡기 위한 조사에 들어갔다.

먼저 명세서의 필체와 참모 본부 장교들의 필체를 하나하나 대조하기 시작하였다. 철저한 반反유태주의자로 사건을 맡은 참모 본부 4부서 차장인 다보빌 중령은 견습 장교인 드레퓌스의 필체를 주목하였다.

알프레드 드레퓌스(Alfred Dreyfus : 1859~1935)는 프랑스 뮐루즈의 부유한 유대인 집안에서 태어났다. 그는 1878년에 폴리테그닉 사관 학교에 들어갔으며, 1891년에는 육군 사관 학교에서 2년간 교육받았다. 그리고 1893년에 참모 본부 견습 장교로 배치받았다. 하지만 이듬해인

1894년 10월 스파이 혐의로 체포되었다.

드레퓌스는 1870년 프로이센-프랑스 전쟁에서 패배하여 국민의 비난을 받고 있던 프랑스 군부에게 적당한 이용물이었다. 왜냐하면 프랑스인이 증오하는 독일의 스파이로 체포되었을 뿐만 아니라, 많은 프랑스인이 좋지 않은 감정을 가지고 있던 유대인이었기 때문이다.

드레퓌스가 체포되자 반유태주의 신문들은 '드레퓌스는 프랑스 국민을 파멸시키고 프랑스 영토를 차지하려는 국제적 유태인 조직의 스파이'라고까지 주장하면서 사형을 요구했다.

결국 드레퓌스는 그해 12월, 비공개 군법회의에서 반역죄로 종신형을 선고받고 강제로 불명예 전역을 당하였다. 그리고 1895년 2월, 아프리카 기아나의 적도 해안에 있는 '악마도'라는 외딴 섬으로 끌려갔다. 이때 그의 비참했던 모습이 기록으로 남아 있다.

'출발 전에 나는 다시 알몸 수색을 당했고, 이어 부두에 대기하고 있던 여섯 명의 간수들에 둘러 싸여 배로 올라갔다. (중략) 생 나제르에 도착하니 나를 뱃머리 갑판 아래 있는 쇠창살 감방으로 끌고 갔다. 캄캄한 밤이 되자 기온이 거의 영하 14도로 떨어졌다. 나에게 그물 침대 하나만 던져 주고는 먹을 것도 주지 않았다.'

하지만 드레퓌스가 종신형을 받게 된 유일한 증거인 '명세서'의 필체는 드레퓌스의 필체와 달랐다. 그런데도 그는 체포되어 감옥에 갇혀 버렸다. 드레퓌스가 유대인이었던 점이 크게 작용한 것이었다.

드레퓌스 사건의 정점은 1896년 3월, 참모 본부 정보국의 조르주 피카르 중령이 또 다른 스파이 사건을 조사하는 과정에서 드레퓌스 사건

의 서류철을 보면서 시작되었다. 그는 드레퓌스가 유죄인 증거가 없다
는 사실을 알게 되었다. 더 놀라운 것은 명세서의 필체가 보병 대대장
인 에스테라지 소령의 것과 똑같다는 사실이었다.

피카르 중령은 상부에 이 사실을 보고하였지만 참모부의 체면 때문
인지 오히려 질책을 받았다. 하지만 드레퓌스에게 불리하게만 전개되던
사건은 한 장의 긴 편지로 인해 완전히 뒤집어졌다.

그것은 프랑스의 대大문호인 에밀 졸라(Émile François Zola : 1840~1902)
가 대통령 에밀 루베(Emile Loubet : 1838~1929)에게 보내는 공개편지로,
정치가 클레망소(Georges Clemenceau : 1841~1929)가 운영하는 신문인
『로로르』지 1897년 1월 13일자 1면에 실린 「나는 고발한다」라는 논설이
었다.

> '프랑스는 스스로의 얼굴에 낙인을 찍었고, 역사는 이 같은 사회적 죄악이
> 저질러진 것이 귀하의 통치 기간 중이었음을 기록할 것입니다. (중략) 크
> 나큰 고통을 겪어 이제는 행복해질 권리가 있는 인류의 이름으로 진실의
> 빛을 밝히는 것, 그것이 단 하나뿐인 나의 정열입니다. 불타오르는 나의
> 항변은 내 영혼의 외침일 뿐입니다. 나를 중죄 재판소에 고발한다 해도 백
> 일하에 나를 심판한다 해도 두렵지 않습니다.'

이 논설로 프랑스에서는 큰 소요가 일어났다. 유태인 상점이 불타기
도 하였으며, 에밀 졸라의 글을 옹호한 교수들은 학교에서 쫓겨나기도
했다. 졸라의 집에는 흥분한 군중이 던진 돌이 날아왔다.

반대로 '정의 · 진실 · 인권 옹호'를 부르짖는 드레퓌스파 또는 재심
파는 에밀 졸라를 옹호했다. 세계의 지식인들도 에밀 졸라에게 존경과

찬사를 보냈다. 미국의 소설가 마크 트웨인(Mark Twain : 1835~1910)은
다음과 같이 말했다.

"군인과 성직자 같은 겁쟁이나 위선자, 아첨꾼들은 한 해에도 100만 명씩
태어난다. 그러나 잔 다르크나 졸라 같은 인물이 태어나는 데는 5세기가
걸린다."

에밀 졸라의 논설이 나온 이후 사건의 열쇠를 쥐고 있던 앙리 소령이
문서를 위조했다고 고백하였고, 에스테라지는 신변에 위협을 느껴 영
국으로 도망쳤다.

1899년 8월에 열린 재심 군법 회의는 드레퓌스에게 재차 유죄를 선
고하였으나, 9월 19일 대통령 에밀 루베는 드레퓌스에게 특별사면을
실시해 석방시켰다.

그리고 다음 날 육군 사관 학교 포병대 건물이 있는 작은 마당에서
드레퓌스는 레지옹 도뇌르 훈장을 수여받았다. 육군 준장 질랭은 드레
퓌스에게 말했다.

"공화국 대통령의 이름으로, 그리고 본관에게 부여된 권한에 의거해, 귀관
을 레지옹 도뇌르 5등 수훈자로 선포한다."

20만의 군중들은 일제히 모자를 벗어들고 경의를 보였고, 환호하고
외쳤다.

"정의 만세! 공화국 만세!"

그리고 7년 뒤인 1906년 7월 20일 드레퓌스는 대통령령에 의해 복권되었다.

1893년 9월 19일

뉴질랜드, 세계 최초로 여성에게 참정권 보장

공민권公民權이라고도 불리는 참정권參政權은 국민이 국가 정책이나 정치에 직접 또는 간접으로 참여할 수 있는 권리 전반을 가리킨다. 선거권 및 피선거권, 공무원 담임권 등이 포함된다.

근대적인 참정권은 13세기 영국의 대헌장에 귀족 계급의 참정권을 명시한 이래로 꾸준히 확대되어 왔다. 참정권의 확대는 신분 계급으로부터, 신분 계급의 철폐 이후에는 재산권에 따라 참정권의 행사가 법적으로 명시되었다.

17~18세기에 걸친 서유럽의 시민 혁명을 계기로 절대주의가 붕괴되고 민주주의가 대두되면서 비로소 모든 국민에게 참정권이 주어지기 시작했다. 그러나 가부장권 문화 속에서는 여성에게 참정권이 주어지지 않았다.

19세기 뉴질랜드의 정치 체계는 세계에서 가장 앞서 있었다. 1860년대 금을 찾아 몰려온 수천 명의 채굴꾼들도 투표권이 있을 정도였다.

이에 따라 뉴질랜드 여성들은 오랫동안 여성 투표권 획득을 위해 투쟁하였다. 여성 인권 운동가 캐서린 셰퍼드(Katherine Wilson Sheppard : 1847~1934)가 이끄는 '기독교 여성 금주 동맹'이 대표적인 단체였다. 이들은 여러 차례 청원 운동을 주도하였다.

마침내 그 결실은 1893년 9월 19일에 맺어지게 되었다. 뉴질랜드 의
회가 선거법을 개정해 여성에게도 투표권을 부여하기로 결정한 것이었
다. 이로써 뉴질랜드는 세계 최초로 여성에게 투표권을 부여한 나라가
되었다.

그리고 그해 11월 28일에 여성 투표권을 적용한 최초의 선거가 실시
되었다. 이 선거는 뉴질랜드 식민지에서 열렸던 선거 중 '가장 훌륭하
게 진행되고 가장 질서 바른' 선거라고 묘사되었다.

20세기에 들어서면서 여성의 참정권은 많은 국가들에서 차례로 보
장되기에 이르렀다. 호주는 1902년 여성에게 참정권을 부여했으며 유
럽 대륙에서는 핀란드가 1906년에 최초로 여성 투표권을 인정하였다.
미국에서는 1920년에, 영국에서는 1928년에 남녀에게 동등하게 투표
권이 주어졌다. 제1차 세계 대전 후에는 서유럽 대부분의 국가에서 여
성 참정권을 인정하였다.

한편 우리나라에서는 1948년 제정된 헌법을 통해 여성 참정권을 법
적으로 보장하였다.

1356년 9월 19일

영국과 프랑스, 푸아티에 전투를 벌이다

영국과 프랑스가 왕위 계승 문제로 1338년부터 백년 전쟁을 시작하
였다. 전쟁 초기에는 인구 1,500만 명의 프랑스가 인구 400만의 영국을
물리치는 데 아무런 어려움이 없어 보였다.

그러나 대부분의 정규전에서는 큰 활을 쏘며 잘 훈련된 영국 보병이

수는 많지만 훈련이 모자란 프랑스 기병을 물리쳤다.

1356년 9월 19일 프랑스의 푸아티에서 벌어진 전투도 그중에 하나다. 영국 국왕 에드워드 3세(Edward Ⅲ : 1312~1377)가 적은 수의 병력으로 프랑스 왕 장 2세(Jean Ⅱ : 1319~1364)의 우세한 기병대를 물리쳤던 것이다.

이 전투로 장 2세는 자신의 넷째 아들 필립과 함께 포로로 잡혀 1360년 브레티니 화약을 맺었다.

그 결과, 프랑스는 장 2세의 석방 보상금으로 300만 크라운을 지불하고, 아키텐 지방 전부와 칼레 시市 등의 영토를 영국에 할양하기로 하였다.

9월의
모든 역사

9월 20일

■
·
·
■

—

1792년 9월 20일

프로이센 · 오스트리아 연합군과
프랑스 혁명군 간에 발미 전투가 발발하다

—

나는 총알이 날아다니는 전쟁터 한복판에 들어섰다. 나는 내 피의
흐름조차 느끼지 못했다. 뜨거운 열기가 모든 것을 집어삼킨 것 같
았다. 이 열기에서 강렬한 빛이 솟아 나왔다. 이러한 상태를 열광이
라 부를 수 있을 것이다.

-괴테, 발미 전쟁 참전기

1789년 파리 시민들의 바스티유 감옥 습격으로 프랑스 대혁명이 시작되었다. 당시 쫓겨난 프랑스 귀족들은 국경 부근에서 머물고 있었다. 혁명이 자기 나라에도 번질 것을 두려워하는 프로이센 · 오스트리아 연합군이 프랑스로 쳐들어가리라고 예상했기 때문이었다.

1792년 4월 20일 프랑스 입법 의회는 두 나라에 선전포고를 하고 혁명 전쟁을 일으켰으나 참패하였다. 이 때문에 성난 파리의 시민들이 의회로 몰려가 항의하고 튈르리 궁정으로 들어가 왕을 협박하기도 하였다. 이에 위기를 느낀 입법 의회는 7월에 "조국이 위기에 처해 있다"는 구호를 내걸고 의용군을 모집하기 시작하였다. 그러자 애국심에 불탄 도시와 시골의 청년들이 파리로 몰려들었다.

8월이 되자 오스트리아와 프로이센 연합군이 국경을 넘어오기 시작하였고 곧 파리가 함락될 것 같았다. 두려움에 찬 파리 시민들은 왕을 포위하고 왕의 수비대를 살육하였다.

8월 30일이 되자 연합군의 군대가 베르덩까지 진입하였다. 파리의 혁명군들은 정치범들이 탈옥 음모를 꾸미고 있다는 소문을 듣고 이들을 간단한 재판을 거쳐 학살하였다. 다른 지역에서도 비슷한 일이 벌어졌다.

이 때문에 연합군의 군대는 잠시 멈추었지만, 9월 11일에 다시 진군을 시작했다. 하지만 연합군이 파리로 행군하는 사이에 비가 많이 내렸고 부상병들도 있어서 진군이 늦어졌다. 덕분에 프랑스 정부는 병사들을 모을 시간을 벌었다.

9월 20일 아침 연합군과 혁명군이 파리 동쪽의 발미 언덕에서 대치하였다. 먼저 오스트리아 군대가 대포를 쏘자 프랑스 군대가 이에 대응하였다. 한참 동안 이어지던 포격이 끝나자 이번에는 프로이센의 보병이 공격을 시작했다. 하지만 잠시 전투가 벌어지는가 싶더니 갑자기 전투가 끝났다. 전세가 불리하다고 판단한 프로이센 측에서 후퇴 명령을 내렸기 때문이다.

이로써 프랑스 혁명군 5만 명과 프로이센·오스트리아 연합군 3만 5,000명이 맞붙은 발미 전투는 '발미의 포화'라는 이름만을 남긴 채 종결되었다. 프로이센 지휘관 브룬스비크 장군의 참모로 이 전투에 참가한 괴테는 이렇게 말했다.

"오늘 바로 이곳에서 세계사의 새로운 장이 시작되었다. 그대들과 나는 전투에 참여했었노라고 말하게 될 것이다."

발미 전투의 승리로 프랑스 혁명군은 조국을 지켰을 뿐만 아니라 혁명 전쟁의 결정적 전기를 맞게 되었다. 이후 프랑스 혁명군은 연합군에게 반격을 시도하기 시작하였다.

* 1789년 7월 14일 '프랑스 혁명이 일어나다' 참조

1870년 9월 20일

이탈리아 군대, 피우스 9세 치하의 로마 점령

1848년 유럽 각국에서는 혁명이 일어나 자유주의와 민족주의의 물결이 거세게 몰아쳤다. 그에 따라 자유주의 사상을 지원하는 교황으로 알려진 로마 교황 피우스 9세(Pius IX : 1792~1878)는 강경 보수주의자

로 돌변했다.

이에 이탈리아의 자유주의자들과 민족주의자들은 교황청이 더 이상 세속적인 권력을 행사해서는 안 된다고 주장하며 교황의 세력을 약화시키려고 했다. 반면에 피우스 9세는 세속 군주로서의 지위를 지키기 위해 전력을 다했다.

그러나 결국 피우스 9세는 이탈리아의 포로가 되어 도망치는 처지가 되었고, 그가 없는 동안 로마에는 민주공화정이 수립되었다. 피우스 9세는 기회를 엿보다가 1850년 4월에 로마의 군주로 복귀했다.

하지만 1861년 3월 로마를 제외한 이탈리아 대부분의 지역이 사보이 왕가의 비토리오 에마누엘레 2세(Vittorio Emanuele II : 1820~1878)의 지배 아래 통일되었다. 로마는 그 후에도 교황령으로 계속 남아 있다가 1870년 9월 20일에 이탈리아 군대가 로마를 점령하면서 결국 이탈리아 왕국의 일부가 되었다.

이후 국민투표에 의해 로마를 수도로 하는 통일 이탈리아가 세워졌다. 이어 이탈리아 의회는 교황청의 위상을 재정립하기 위해 교황은 바티칸과 그 주위의 작은 구역에 대해서만 독점권을 행사할 수 있는 권한을 갖는다고 명시한 법을 통과시켰다.

그리고 1929년 라테란 협정을 맺어 교황은 교황청 주변 지역에 한해서 주권을 행사하는 바티칸 시국에 머물도록 되었다.

2012년 현재 바티칸 시국은 산마리노와 함께 이탈리아에 완전히 에워싸인 독립 국가로 존재한다.

—

1946년 9월 20일

제1회 칸 영화제 개막

—

칸 영화제는 베네스 국제 영화제, 베를린 국제 영화제와 함께 세계 3대 영화제 중 하나이다.

프랑스 남부의 휴양 도시인 칸에서 열리는 이 영화제는 세계 최초의 국제 영화제인 베니스 영화제가 무솔리니의 정치적 선전 도구로 전락하자 새로운 대안으로 1939년에 기획되었다. 하지만 제2차 세계 대전의 발발로 중단되었다.

제2차 세계 대전이 끝난 후인 1946년 9월 20일에 제1회 대회가 개막하였다. 축제 형식으로 치러져 프랑스는 물론 미국 · 소련 · 인도 · 멕시코 등 대륙별 11개국 영화가 그랑프리를 수상하였다. 하지만 영화인들은 심사위원대상과 감독상을 수상한 프랑스의 르네 클레망(Rene Clement : 1913~1996) 감독이 연출한 「철로의 투쟁」을 최고의 그랑프리로 꼽았다.

이후 1948년과 1950년에 영화제 개최가 무산되고, 1968년에는 5월 혁명으로 인해 중단되기도 하는 등 적지 않은 우여곡절을 겪었지만 2012년 현재 가장 권위 있는 영화제로 자리 잡았다는 평가를 받는다.

칸 영화제는 매년 5월에 개최되며, 세계 각지에서 영화감독, 배우, 제작자, 언론인 등 수천 명이 모여 영화 상영, 리셉션, 영화 상담 등을 하는 예술적 제전이자 상품 견본시장으로서의 역할을 톡톡히 하고 있다.

한편 우리나라는 1999년 송일곤 감독의 단편영화 「소풍」이 심사위원상을 받았고, 2004년에는 임권택 감독이 「취화선」으로 감독상을 수상하였다.

* 1932년 8월 6일 '제1회 베니스 영화제 개막' 참조

9월의
모든 역사

9월 21일

■
·
■

1792년 9월 21일

프랑스 국민 의회, 왕정을 폐지하다

우리는 이제 위대한 정점에 다가서고 있다. 그곳에 국민 의회가 있는 것이다. 우리의 시선은 이 정점에 고정된다. 그것은 인류의 지평선에 나타나지 않았던 가장 높은 꼭대기였다.

-빅토르 위고, 『브르타뉴의 세 아이들』

프랑스의 루이 16세(Louis XVI : 1754~1793)가 삼부회를 소집하자 제3
신분은 영국식 국회를 본받아 1789년 6월 17일 국민 의회를 만들었다.
국민 의회 의원들은 6월 20일 '테니스 코트 선서'를 통해 국왕에게 헌법
제정을 요구하였고, 왕은 어쩔 수 없이 이들의 의견을 받아들였다.

국민 의회는 7월 9일에 헌법 제정 국민 의회로 이름을 바꾸었지만
국민 의회라는 말은 계속 사용되었다. 7월 14일에 파리 시민이 일어나
바스티유 감옥을 공격하자 국민 의회는 8월 26일 인권 선언을 채택하
였다.

국민 의회는 개혁 작업에 들어가 입헌 군주제를 규정하는 새 헌법을
만들었다. 새 헌법에 따르면 국가의 주요 기관으로 법률을 제정하고 통
과시키는 입법 의회를 두었으며, 왕은 의회가 만든 법에 관해서 제한적
인 거부권을 가졌다.

하지만 인권 선언에도 불구하고 헌법은 제한 선거제를 채택하였다.
국민 의회는 1791년 9월 헌법의 기초 작업이 끝나자 9월 30일 입법 의
회에게 그 자리를 물려주었다.

입법 의회가 열리자 정치적 경력이 없는 사람들이 많이 의회에 진출
하였다. 그리고 처음부터 우익과 좌익으로 나누어져 대립이 시작되었
다. 이때 입법 의회의 주도권을 잡은 세력은 지롱드Gironde 출신이 중심
이 된 지롱드 당黨이었다.

지롱드 당을 중심으로 한 입법 의회는 1792년 4월에 오스트리아 · 프
로이센에 선전포고를 하고 혁명 전쟁을 일으켰으나 참패하였다.

전쟁의 기운이 감도는 불안한 정국이 계속되던 가운데 그해 8월 10
일, 파리 민중들이 왕궁을 습격하는 사건이 벌어지면서 좌익 의원들이
의회를 장악하였다. 의회는 왕권을 정지시키고 임시 정부를 수립하여

국민 의회의 선거를 규정한 법령을 통과시켰다.

임시 정부는 강한 지도력을 보인 법무부 장관 출신의 조르주 당통 (Georges Jacques Danton : 1759~1794)이 이끌었다. 이로써 입법 의회는 그 맡은 바 임무를 다하고 새 헌법을 만들기 위해 선출된 국민 의회가 9월 20일 첫 모임을 가졌다.

그리고 다음 날인 9월 21일 국민 의회는 왕정을 공식적으로 폐지하였고, 9월 22일 프랑스의 제1공화정을 출발시켰다.

* 1789년 6월 17일 '프랑스의 제3신분, 국민 의회 결성' 참조
* 1789년 6월 20일 '프랑스 국민 의회, 프랑스 혁명의 서막을 알린 테니스 코트 선서를 하다' 참조
* 1789년 7월 14일 '프랑스 혁명이 일어나다' 참조
* 1789년 8월 26일 '프랑스 인권 선언문을 발표하다' 참조
* 1794년 4월 5일 '프랑스 혁명의 지도자 당통, 단두대에서 사형되다' 참조

1938년 9월 21일

최초의 합성 섬유 나일론 등장

1938년 9월 21일 미국의 종합 화학 회사인 듀폰사는 획기적인 섬유인 '나일론'을 제품화했다고 발표하였다. 그리고 이듬해인 1939년에 여성용 나일론 스타킹이 처음으로 생산되었다.

나일론은 원래 미국의 유기화학자 월리스 흄 캐러더스(Wallace Hume Carothers : 1896~1937)가 1932년에 발명한 것이었다. 그는 자신의 조수

줄리언 힐(Julian Hill : 1904~1996)이 쓸모없어진 화합 물질을 실험용 컵에 넣어 가열하다가 거미줄처럼 가는 섬유가 유리 막대를 타고 올라오는 것을 발견하였다.

1930년대 당시 실크 스타킹의 최대 생산국이었던 미국은 일본과의 전쟁 가능성이 높아지자 그 재료의 공급이 중단될 것을 우려하여 실크를 대체할 물질을 찾고 있던 참이었다. 이후 듀폰사는 230명의 연구진을 집중 투입하여 마침내 제품화에 성공하였다. 세계 최초로 합성 섬유가 탄생하는 순간이었다.

천연 섬유만 있던 시절, 석탄과 물ㆍ공기를 합성해 탄생시킨 인공 섬유는 사람들을 놀라게 할 만했다. 더욱이 나일론은 비단이나 면보다 질기고 가벼웠으며, 신축성 또한 뛰어났다. 무엇보다 대량 생산이 가능하였다.

20세기 최고 발명품의 하나로 평가받는 나일론은 제2차 세계 대전이 시작되면서 군용으로 낙하산, 로프, 텐트, 절연제에 쓰이며 연합군을 승리로 이끌었다.

또한 나일론의 발명은 인간 의복사史에 혁명을 불러왔다. 천연 섬유의 한계를 극복하게 되면서, 다양한 디자인의 옷이 값싸게 대량으로 생산될 수 있었다. 의복 분야뿐만 아니라 나일론은 일상생활 전반에 활용됐다.

스타킹 등 나일론 제품에 대한 인기는 세계적으로, 합성 섬유 개발 경쟁까지 불렀다. 당연히 '돈 안 되는 연구 분야'로 천대받던 고분자화학은 단숨에 조명을 받았다.

그래서 비단이 중화 문명을 만들고 목면이 산업 혁명을 불렀다면 나일론은 바로 20세기 문명을 열었다고 해도 과언이 아니다.

1964년 9월 21일

몰타, 영국으로부터 독립

몰타Malta는 지중해 중앙부, 이탈리아 반도 아래쪽에 있는 여러 섬으로 구성된 나라이다. 몰타는 고대로부터 전략적으로 중요한 위치에 있어서 지중해 지배권을 둘러싼 강국들의 전투가 많았다.

이 때문에 몰타는 페니키아, 그리스, 카르타고, 로마, 아라비아, 투르크 등의 지배를 받았다.

1814년 파리 조약으로 영국의 영토가 되었지만, 제2차 세계 대전 후 독립 운동이 일어나 1964년 9월 21일에 독립하였다.

이후 몰타는 영국 연방의 일원이 되었으며, 2004년 5월에는 유럽 연합에 가입하였다.

9월의
모든 역사

9월 22일

:
:
:

1980년 9월 22일

이란 · 이라크 전쟁이 발발하다

-이란 · 이라크 전쟁 장면

중동의 맹주를 다투던 이란과 이라크는 1979년 각각 정치적 대★격변을 겪었다.

2월에는 이란에서 이슬람 혁명이 일어나 친미 팔레비 왕조가 몰락하고 이슬람 원리주의자인 아야톨라 루홀라 호메이니(Ayatollah Ruhollah Khomeini : 1902~1989)가 집권했다. 7월에는 이라크에서 향후 중동 정세의 폭풍의 눈이 되는 사담 후세인(Saddam Hussein : 1937~2006)이 대통령으로 취임하였다.

이때부터 양국은 국경 근방에서 소규모 군사 충돌을 간헐적으로 전개하였다. 그러던 중 1980년 9월 22일 이라크 전투기가 이란의 수도 테헤란을 폭격하면서 이란 · 이라크전이 전면전으로 확대되었다.

전쟁의 표면적인 이유는 페르시아만으로 흘러 들어가는 양국 접경 지역의 경제 · 군사적 요충지인 샤트 알 아랍 수로를 둘러싼 국경 분쟁 때문이었다. 이라크는 1937년에 그어진 이 수로 전체의 지배권을 주장했고, 이란은 수로 중간에 국경선을 그어야 한다며 수십 년 동안 대립해왔다.

양국은 1975년 알제리의 수도 알제에서 열린 석유 수출국 기구OPEC 정상 회의 때 수로 중앙을 국경선으로 한다는 국경 협정을 맺었다. 이때 중동의 최고 강자였던 이란 모하마드 레자 샤 팔레비(Mohammad Reza Shah Pahlevi : 1919~1980) 국왕의 입김이 강하게 작용했다.

그러나 1979년 이라크를 집권하게 된 후세인은 당시 협정이 불평등 조약이라며 국경을 원래대로 되돌릴 것을 요구하였다. 이에 대해 이란은 반응하지 않았다. 결국 후세인은 국경 협정의 폐기를 선언하고, 이란에 대한 전면전을 시작했다.

중동 지역의 복잡한 종교 · 정치적 요인도 전쟁의 빌미를 제공하였다.

이란은 전체 인구의 93%가 이슬람 시아파이고, 이라크는 인구의 50%가 시아파, 쿠르드족 등 소수민족이 10%, 이슬람 수니파는 40%다. 이라크는 소수파인 수니파가 계속 집권하며 다수파인 시아파를 지배했다.

1979년 이슬람 혁명에 성공한 이란의 호메이니는 후세인의 반대파인 시아파를 지원하였다. 그러면서 이슬람 혁명의 확산을 노린 이란의 호메이니는 이라크 내 시아파에게 수니파가 정권을 잡고 있는 권력 체제에서 해방돼야 한다고 호소했다. 심기가 불편해진 후세인은 호메이니의 위협을 차단하기 위해서도 전쟁이 필요했던 것이다.

또한 후세인은 자신의 독재 권력을 반대하는 이라크 내부의 불만도 잠재울 필요가 있었다. 이 점에 있어서는 혁명 불만 세력이 만만치 않았던 이란 역시 마찬가지였다. 서로 전쟁이 필요했던 것이다.

이란을 급습한 이라크군은 넓은 국경선을 따라 풍부한 석유 산출 지역인 후제스탄으로 진격해 갔다. 전쟁 초기에는 이라크가 우위를 보였다. 이슬람 혁명으로 이란 정규군의 전력이 크게 약화된 데다 서방의 경제 봉쇄로 군수 지원도 극히 어려웠기 때문이다. 하지만 그해 12월 이란 영내에서 예기치 않은 강력한 저항에 부딪치자 이라크의 공격은 교착 상태에 빠졌다.

한편 전쟁이 터지자 미국과 서유럽 국가들은 일제히 이라크를 지원했다. 이란에 세워진 반미 · 반서방 이슬람 정권을 견제하기 위해서였다. 영국과 프랑스는 전쟁 초기부터 이라크에 막대한 무기를 판매했고, 미국은 이라크의 무차별적인 화학 무기 사용과 민간인 학살을 묵인했다.

특히 미국의 로널드 레이건(Ronald Wilson Reagan : 1911~2004) 대통령은 전쟁이 한창이던 1983년 12월 도널드 럼스펠드(Donald Henry Rumsfeld : 1932~)를 이라크에 특사로 파견해 지원을 공식화했다.

하지만 계속되는 이란의 공세에 이라크는 이란의 모든 점령 지역으로부터 자발적으로 군대를 철수하고 이란과 평화 협상을 진행하려고 하였다. 그러나 호메이니가 이끄는 이란의 혁명 수비대와 민병대는 타협에 불응하고 후세인을 타도하기 위해 전쟁을 계속했다. 전쟁은 장기화로 치달았으며 산발적인 공습이 계속되어 양국은 경제적으로 어려운 상황에 놓이게 되었다.

전쟁은 결국 8년을 끌다 국제 연합UN의 중재로 1988년 8월 20일 이란과 이라크 간에 정전 협정이 발효되면서 끝났다. 양국에서 100만 명이상의 사상자와 5,000억 달러 이상의 피해가 발생했다. 1990년 양국은 1975년 협정대로 국경선을 정하기로 하면서 국교를 회복하였다.

하지만 샤트 알 아랍 수로를 둘러싼 충돌은 2012년 현재까지도 계속되고 있다.

* 1979년 2월 11일 '이란 혁명 발생' 참조
* 1988년 8월 20일 '이란과 이라크 간에 정전 협정이 발효되다' 참조

___

1906년 9월 22일

미국 애틀랜타에서 인종 폭동이 발생하다

___

1906년 9월 22일 미국 남부 조지아 주 애틀랜타 시에서 악명 높은 인종 폭동이 발생하였다.

시내에 모인 약 5,000여 명의 백인 남성들이 흑인 남자와 소년, 여자들을 무차별적으로 공격하기 시작한 것이었다. 그들은 전차에 타고 있

던 흑인들을 끌어 내리고, 흑인 이발사들을 이발소에서 끌어냈다.

하지만 그날 석간신문들은 흑인이 백인을 공격하는 새로운 사건이 발생했다고 주장하는 호외를 발행하였다. 한 백인 남자는 나무로 만든 비누 상자 위에 올라서서 신문을 흔들면서 흑인들이 백인 여성들에게도 그 같은 공격을 하도록 내버려둘 것이냐고 사람들을 선동하였다.

이후 백인 군중들은 애틀랜타 시내 곳곳으로 흩어져 4시간이 넘게 수백 명의 흑인 남성과 여성들을 더욱 격렬하게 공격하였다. 백인 남성 폭도들의 폭력 사태는 나흘 동안 계속됐고, 적어도 24명의 흑인과 백인 2명이 사망하였다. 유럽의 신문들은 애틀랜타 폭동을 러시아의 조직적인 유태인 대학살에 비유하였다.

이후 1,000여 명의 흑인들은 폭동이 발생한 지 몇 주일 만에 애틀랜타를 떠나 다시는 돌아가지 않았다. 많은 흑인 사업체들도 또한 떠났다. 이후 흑인과 백인 사회 지도자들이 모임을 갖고 애틀랜타의 이미지를 회복하는 방안을 논의했음에도 불구하고, 대부분의 애틀랜타인들은 흑인이나 백인을 막론하고 각자의 길로 나아갔다.

그래서 애틀랜타 인종 폭동의 기억들은 빠르게 기억의 저편으로 사라졌다. 조지아 주 공립학교 역사 시간에는 인종 충돌 사건을 가르치지 않았고, 자녀들에게 당시의 이야기를 전한 흑인들도 앞으로 조심하라고 경고하는 의미만을 전달했다.

애틀랜타 인종 폭동이 일어난 지 정확히 100년 만인 2006년에 이르러서야 애틀랜타의 민권 지도자와 역사학자, 교육자 등이 모여 폭동의 뿌리를 탐구하고 당시 어떤 일이 벌어졌는지를 기록하기 시작하였다. 또한 애틀랜타에서 인종과 인종 관계에 관한 현대적 대화를 시작할 수 있는 한 방편으로 그 이야기를 이용하기 위한 연합체가 결성되었다.

하지만 폭동의 원인은 2012년 현재까지도 분명히 밝혀지지 않았다.

1997년 9월 22일

일본의 전설적인 록 밴드 엑스 재팬 해체 선언

초등학교 친구 사이인 하야시 요시키(林佳樹 : 1965~)와 데야마 토시미츠(出山利三 : 1965~)는 1982년 록 밴드 엑스를 결성하였다.

이후 이들은 1985년 6월에 첫 번째 싱글 앨범인 「I'LL KILL YOU」를 발매하였는데, 예상외로 판매량이 좋아 엑스의 인지도가 높아지기 시작하였다.

또한 그해 11월에 컴플레이션 앨범 「Heavy Metal Force 3」을 작업하면서 요코스카 샤벨 타이거의 멤버인 마츠모토 히데토(松本秀人 : 1964~1998)를 만나게 되었다. 이어 주다라는 밴드의 리더인 이시즈카 토모아키(石塚智昭 : 1965~)도 함께 참여하게 되었다.

1988년 4월 14일 엑스의 데뷔 앨범인 「VANISHING VISION」을 발매하였는데, 이 앨범은 13일 만에 전량 매진되는 진기록을 세웠다. 이후 엑스는 소니 레코드와 계약을 맺고, 1989년 1월에 메이저 데뷔 앨범인 「BLUE BLOOD」를 발매했다. 그해 엑스는 여러 개의 상을 수상하였고 많은 인기를 구가하였다.

1992년에 엑스는 미국 진출을 위해 미국의 펑크 록 밴드인 엑스와 이름이 겹칠 것을 우려, 엑스 재팬X-Japan으로 그룹명을 개명하였다. 이와 동시에 탈퇴한 이시즈카의 자리에 새 베이시스트 모리에 히로시(森江博 : 1968~)를 영입하였다.

1993년 8월에 엑스 재팬은 아틀란틱 레코드와 계약을 맺고, 「ART OF LIFE」를 발매하였다. 이후 멤버들은 각자 자신들의 프로젝트에 집중하였다.

1996년에는 엑스 재팬의 첫 번째 스튜디오 앨범인 「DAHLIA」를 발매하였다. 하지만 요시키의 독선적인 밴드 운영으로 토시미츠가 탈퇴 선언을 하자 결국 1997년 9월 22일, 엑스 재팬은 공식 기자 회견을 열어 해체를 선언하였다. 그리고 그해 12월 31일에 도쿄 돔에서 마지막 콘서트를 열고 해체되었다.

해체 이후에도 엑스 재팬의 컴플레이션 음반과 라이브 음반은 계속 발매하는 등 멤버들은 다양한 프로젝트에 임하였다. 한편 1998년 5월 '히데'라는 예명으로 활동 중이던 히데토는 자신의 앨범 「Ja, Zoo」를 작업하던 도중 돌연 사망함으로써 팬들에게 큰 충격을 안겼다.

2007년 2월, 토시미츠가 자신의 웹 사이트에 다시 밴드에 참여할 의사가 있음을 밝히자 엑스 재팬의 재결성 논의가 시작되었다. 그리고 그해 10월 18일 엑스 재팬의 공식 사이트를 통해 엑스 재팬이 재결성되었다고 발표하였다.

2012년 현재 엑스 재팬은 해외 투어 공연 등을 통해 팬들과 만나며 음악 활동을 계속하고 있다.

* 1998년 5월 2일 '일본 록 밴드 '엑스 재팬'의 기타리스트 히데가 사고로 사망하다' 참조

1937년 9월 22일

중국, 제2차 국공 합작 선언

쑨원(孫文 : 1866~1925)은 1923년 1월 26일 '쑨-요페 공동 선언'을 발표하며 제1차 국공 합작을 이루어 냈다.

그러나 쑨원이 죽고 뒤를 이은 장제스(蔣介石 : 1887~1975)는 공산당의 세력 확산을 두려워하여 공산당을 탄압하기 시작했다. 결국 국공 합작은 결렬되었고 공산당은 불법화되었다.

하지만 1936년에 장제스가 감금당하는 서안사변과 1937년 7월에 시작된 중일 전쟁으로 중국에서는 내전보다는 먼저 일본군과 싸우라는 군부와 여론의 압력이 거세어졌다.

이 때문에 국민당과 공산당은 1937년 9월 22일에 제2차 국공 합작을 성립시켰다. 곧 국민당 정부는 공산당의 합법적인 지위를 인정하였으며, 공산당군은 국민당 정부군의 팔로군八路軍과 신사군新四軍으로 편성되었다.

그러나 공산당의 세력 확대를 염려한 국민당 정부는 이듬해 10월 공산당군을 공격하였다. 이로써 제2차 국공 합작도 결렬되었고 이는 일본 패망 후 본격적인 내전으로 이어졌다.

* 1923년 1월 26일 '중국, 제1차 국공 합작 선언' 참조
* 1937년 7월 7일 '중일 전쟁이 발발하다' 참조
* 1946년 7월 12일 '중국, 국공 내전 개시' 참조

9월의
모든 역사

9월 23일

:
.
:

1973년 9월 23일

아르헨티나의 후안 페론, 군사 쿠데타로
실각한 지 18년 만에 다시 대통령에 당선되다

후안 페론이 추구한 페론이즘은 이탈리아 무솔리니의 대중 동원
기법과 조합 국가사상을 숭배하였지만 파시스트는 아니었다. 또한
나치즘이나 독재주의, 공산주의, 사회주의가 아니었으며 정치적 목
적의 좌익이나 우익 운동도 아니었다. 그리고 자본주의가 아니면서
동시에 대지주제를 유지했으므로 반反자본주의와도 구별된다.

결국 페론이즘은 아르헨티나 고유의 전통사상 아래 각종 정치사
상과 사회운동이 합성된 것이다. 권위주의적 조합주의와 대중주의
populism와 민족주의nationalism가 혼합된 아르헨티나 특유의 정치 이념
이라 볼 수 있다.

1973년 9월 23일에 실시된 아르헨티나 대통령 선거에서 78세 고령의 후안 페론(Juan Domingo Perón : 1895~1974)이 압도적인 지지로 당선되었다. 군사 쿠데타로 실각한 지 18년 만이었다.

후안 페론은 1943년 군부 쿠데타에 참여함으로써 정계에 진출했다. 이듬해 군사 정권에서 육군장관 겸 노동장관을 맡은 뒤 노동 조건 개선과 임금 인상으로 노동자들의 인기를 독점했다.

그리고 이 인기를 바탕으로 1946년 치러진 선거에서 승리해 그해 6월에 아르헨티나 대통령에 취임하였다. 이후 그는 10년 동안 대통령직을 수행하면서 2차 세계 대전 중에 비축해 둔 풍부한 재정을 사회 보장 제도와 노동자 주택 정비에 투입하면서 '페론 시대'를 열었다.

'페론이즘'의 주인공 후안 페론에 대한 평가는 극단적으로 엇갈린다. 공업화로 경제 성장을 이루고 노동자들의 권리와 복지를 증대시켰다는 긍정적 평가와 지나친 대중 영합주의로 천문학적 외채와 물가 상승을 불러와 결국 아르헨티나를 '병자'로 만들었다는 부정적 평가가 있는 것이다.

하지만 결과적으로 페론은 독재와 계속된 경제 파탄으로 20세기 남미 최대 부호국이었던 아르헨티나를 파국으로 치닫게 하였다. 또한 1952년 아내 에바 페론(Maria Eva Duarte de Perón : 1919~1952)이 사망하자 더욱 기운을 잃었다. 결국 페론은 1955년 실각하였고, 9월 군사 쿠데타로 인해 스페인으로 추방되었다.

그러나 페론이 대통령 재임 당시 보여 줬던 추진력과 노동자 정책 등에 대한 국민의 향수가 작용하면서 그는 고국으로 돌아올 수 있었다. 이어 그는 1973년에 치러진 아르헨티나 대통령 선거에서 부인인 이사벨 페론(Maria Estela Martinez de Perón : 1931~)과 함께 득표율 61.3%를 기록하며 각각 대통령과 부통령에 당선되었다.

수도 부에노스아이레스 시내에는 개표 종료 전부터 '페론 부활'을 기뻐하는 퍼레이드가 진행됐다. 특히 민선 대통령인 엑토르 캄포라 (Héctor José Cámpora Demaestre : 1909~1980) 대통령이 페론의 귀국과 재집권을 유도하기 위해 자신의 임기를 채우지도 않고 사임까지 했다. 선거 압승은 '페론-에바 시대'의 재현을 갈망하는 국민의 목소리가 반영되었던 것이다.

18년 만에 다시 대통령이 된 페론은 그러나 이듬해인 1974년 여름, 기관지염과 독감을 앓으면서 회복 불능 상태가 되었다. 정상적인 국정 수행을 할 수 없다는 진단을 받은 후안은 이사벨에게 대통령직을 물려 주고 7월 사망하였다.

후안 페론의 죽음으로 대통령직을 승계한 이사벨 페론도 하지만 2년 뒤에 군부 쿠데타로 쫓겨났다.

* 1952년 7월 26일 '아르헨티나의 국모 에바 페론 사망하다' 참조
* 1946년 6월 4일 '후안 페론, 아르헨티나 대통령에 취임' 참조
* 1974년 6월 29일 '아르헨티나의 이사벨 페론, 세계 첫 여성 대통령으로 취임하다' 참조

기원전 63년 9월 23일

로마의 초대 황제 아우구스투스 출생

나는 내란을 진압한 후 국민의 동의를 얻어 국가 주권을 로마 원로원과 국
민에게 돌려주었다. 이러한 공적과 봉사로 원로원의 의결을 거쳐 아우구
스투스라는 칭호를 받았다. 나는 누구보다 우월한 권위를 가졌지만 그렇
다고 관직을 통해 동료들보다 더 많은 권력을 장악하지 않았다.

-아우구스투스, 『업적록』

옥타비아누스(Gaius Octavianus : B.C. 63~A.D. 14)는 기원전 63년 9월
23일에 태어났다. 본명은 가이우스 옥타비아누스이다.

그는 평민 출신이었지만 그의 어머니가 로마의 지배자인 율리우스
카이사르(Gaius Julius Caesar : B.C. 100~B.C. 44)의 질녀였기 때문에 4세
때 아버지가 죽자 카이사르의 보호를 받았다.

기원전 44년에 카이사르가 암살된 후 그의 유언장에 양자 및 후계자로
지명되어 있음을 알고, 옥타비아누스는 가이우스 율리우스 카이사르 옥타
비아누스로 개명하였다. 카이사르의 군대를 장악한 그는 기원전 43년 안토
니우스(Marcus Antonius : B.C. 82?~B.C. 30), 레피두스(Marcus Aemilius Lepidus :
?~B.C. 13)와 삼두 정치三頭政治를 시작하면서 반대파를 추방하였다.

기원전 42년에는 필립피 전투에서 카이사르의 암살자인 마르쿠스
브루투스(Marcus Junius Brutus : B.C. 85~B.C. 42)와 가이우스 카시우스
롱기누스(Gaius Cassius Longinus : B.C. 85~B.C. 42)를 격파하고 로마 세
계를 3분하였다. 그러고는 자신은 서방을, 안토니우스에게는 동방을,

그리고 레피두스에게는 아프리카를 각각 장악하게 하였다. 그러나 레
피두스를 제거한 후부터는 안토니우스와의 대립이 격화되었다.

기원전 31년 9월 2일 옥타비아누스는 악티움 해전에서 마침내 안토
니우스를 패배시켰다. 또한 카이사르가 권력에 너무 의지하여 암살당
했다고 생각하여 자신을 '제1시민'이라는 프린켑스princeps라고 부르면서
공화제 복귀를 공개적으로 선언하였다.

하지만 이후 로마의 정치 체제는 사실상 제정帝政으로 바뀌었다. 옥타
비아누스가 카이사르가 가졌던 최고 군사 지휘권, 최고 사제직을 그대
로 유지하였기 때문이다. 이것이 역사가들이 원수정元首政이라고 부르는
황제 정치이다.

옥타비아누스는 기원전 28년 1월 1일에 아그리파(Marcus Vipsanius
Agrippa : B.C. 62~B.C. 12)와 함께 최고 관직인 집정관 콘술consul에 취임
하였다. 그리고 삼두 정치 기간에 늘어난 원로원의 숫자를 600명까지
줄여 원로원의 권위를 높였다. 그리고 이듬해 원로원에 출석하여 모든
권한을 로마인들에게 넘겨주겠다고 제의했다.

이것은 옥타비아누스가 치밀하게 준비한 각본이었는데, 원로원은 그
의 숙연하고 극적인 행동에 동요를 일으켰다. 원로원은 그에게 1년의
임기를 마친 콘술이 명령권을 계속 보유하는 프로콘술proconsul을 맡아 줄
것을 부탁했다.

원로원이 제시한 프로콘술의 권한은 임기가 10년으로, 지리적으로
멀리 떨어진 속주인 갈리아, 시리아, 이집트, 히스파니아 지역을 통치하
는 것이었다. 대신에 원로원은 로마와 이탈리아, 시칠리아, 그리스, 아
프리카 등의 지역을 다시 속주로 거느리게 되었다.

형식적인 권력을 넘겨받은 원로원은 기원전 27년 옥타비아누스에게

'신성한 사람'을 의미하는 아우구스투스Augustus라는 칭호를 주었다. 이에 옥타비아누스는 원로원에게 예산 집행권과 금화와 은화를 만들 수 있는 권한을 주었다.

아우구스투스는 제국의 확대보다는 방어와 정비에 힘써 '로마의 평화Pax Romana'를 이끌었다. 또한 그는 정규 군단을 이탈리아와 속주의 시민들로 구성하였으며, 정규군 이외에 보병과 기병을 두어 치안을 담당하게 하였다.

그리고 군인들의 봉급과 연금, 노후 대책 등을 마련하여 군대를 완전히 장악하였다. 이외에도 인구 조사와 철저한 징수 방법을 마련하여 속주에서 실시된 세금 징수 체제를 개혁하였다.

그는 황제 칭호를 강요하지 않았지만 황제처럼 통치했고 또 그 자리를 양자인 티베리우스(Tiberius Caesar Augustus : B.C. 42~A.D. 37)에게 물려주었다. 그는 기원전 14년 51세를 일기로 죽으면서 이렇게 말하였다.

"내가 코미디 한 편을 잘 연기했더냐? 내 삶의 연극이 그대들을 즐겁게 해
주었다면 박수를 치거라."

**＊ 기원전 31년 9월 2일 '로마의 옥타비아누스, 이집트의 안토니우스를 맞아
악티움 해전에서 승리하다' 참조**

1846년 9월 23일

독일의 천문학자 갈레, 해왕성 발견

천왕성을 연구하던 학자들은 천왕성의 궤도가 계산한 것과 다르다는 사실을 발견하였다. 이것은 천왕성의 운행을 방해하는 다른 미지의 행성이 있기 때문인 것으로 추정되었다.

위치도 질량도 모르는 미지의 행성을 찾기 위해 천문학자들은 망원경과 노트를 가지고 연구를 시작했다.

해왕성은 수학적인 방법으로 먼저 발견되었다. 영국의 대학생이었던 존 카우치 애덤스(John Couch Adams : 1819~1892)는 1843년에 미지의 행성이 태양에서 천왕성보다 16억km 더 멀리 떨어져 있다고 예측했다. 애덤스는 자신의 계산 결과를 영국의 왕립 천문대장에게 보냈지만 그는 애덤스의 계산에 주목하지 않았다.

한편, 프랑스의 젊은 수학자인 위르뱅 르베리에(Urbain-Jean-Joseph Le Verrier : 1811~1877)도 1846년에 해왕성의 위치를 수학적으로 계산하여, 독일 베를린의 우라니아 천문대에 보냈다. 르베리에가 계산한 결과를 받은 천문대장 요한 갈레(Johann Gottfried Galle : 1812~1910)는 1846년 9월 23일 밤, 미지의 행성이 있을 것이라고 예측되는 영역에서 해왕성을 발견하였다.

해왕성은 관측을 통해 발견되지 않고 수학적 계산을 통해 위치가 알려진 최초의 행성으로, 해왕성의 발견은 천체 역학 이론의 중요성을 나타낸 사건이었다.

한편 갈레는 토성의 제3고리와 3개의 혜성도 발견하였다.

1957년 9월 23일

미국, 흑인 학생의 등교 보호를 위해
백인 고등학교에 군부대 투입

　1954년 5월 17일 미국 연방 대법원은 공립학교에서 백인과 흑인을 분리하여 교육하는 것이 불법이라는 판결을 내렸다.

　1896년 미국 대법원의 '분리하되 평등하다separate but equal'라고 판결한 '플레시 대 퍼거슨' 사건 이후로 사실상 교육에서 백인에 비하여 차별을 받아오던 흑인들에게는 아주 획기적인 판결이었다.

　이에 따라 흑인 학생들도 백인 학생들처럼 원하는 학교에 입학할 수 있게 되었다. 하지만 흑백 인종 차별은 쉽게 사라지지 않았다.

　결국 1957년 미국 아칸소 주 리틀록의 한 고등학교에 9명의 흑인 학생들이 입학하기로 하자 이를 반대하는 백인들의 시위가 크게 일어났다.

　이에 드와이트 아이젠하워(Dwight David Eisenhower : 1890~1969) 대통령은 9월 23일 공수 부대원들을 보내 흑인 학생들의 등교를 보호하였다. 다음 날에는 대통령이 흑인 학생의 백인 학교 입학 허가를 호소하는 연설을 했다. 마침내 9월 25일, 350명의 공수부대가 감시하는 가운데 흑인 학생들이 드디어 등교하기 시작하였다.

　이후 흑인 학생 9명은 온갖 협박과 모욕을 견디며 끝까지 학교를 다녀 백인 학교를 졸업한 최초의 흑인들이 되었다.

* 1896년 5월 18일 '미국 연방대법원, 공공장소에서의 인종 격리를 법적으로 인정' 참조

* 1954년 5월 17일 '미국 연방 대법원, 흑백 분리 교육 위헌 판결' 참조

9월의
모든 역사

9월 24일

■
·
■

1971년 9월 24일

영국, 소련 외교관 105명을 추방하다

세계 각국은 정보기관을 통해 대립진영이나 가상의 적으로 간주되는 국가나 세력에 대한 정보를 수집·분석·평가한다. 이를 바탕으로 적대국의 정치를 방해하거나 간첩죄와 국가기밀 누설 등에 대한 수사를 하기도 한다.

대표적인 정보기관으로 미국 연방수사국FBI과 중앙정보국CIA, 소련 국가보안위원회KGB, 영국 비밀정보부SIS, 독일 연방정보국BND, 프랑스 대외안보총국DGSE, 이스라엘 모사드Mossad 등을 들 수 있다. 이 중에서 특히 미국, 영국, 러시아 정보기관의 수집 능력이 으뜸으로 평가받는다.

영국 정부는 영국으로 망명한 소련의 한 비밀경찰KGB 고위 간부의 진
술에 따라 영국 내에서 공작 활동을 벌이려던 소련 비밀 조직의 계획을
알게 되었다. 이에 1971년 9월 24일 영국 외무성은 특별 성명을 발표하
였다.

"소장급의 소련 비밀경찰 고위 간부가 얼마 전에 망명을 요청, 소련 비밀
기관의 파괴 활동 계획 등에 관한 중요 정보를 제공하였다."

그러면서 외무성의 고위 관리 데니스 그린 힐 경卿은 이날 런던 주재
소련 대리대사 이반 이폴리토프에게 영국 정부의 전례 없는 단호한 조
치를 통고하였다.

그것은 런던에 주재하고 있는 105명의 소련 관리들을 외교상 기피
인물persona non grata로 선언하고, 그중에서 90명에게 2주일 이내에 영국에
서 떠나라는 추방 명령을 내린 것이었다. 또한 이들 외에도 런던에 배
치되어 있긴 하나 현재 영국을 떠나 있는 15명의 소련 관리들에게는
영국으로의 재입국을 허용치 않겠다고 하였다.

영국의 이러한 결정은 런던 주재 소련 관리들의 스파이 활동에 대한
수개월에 걸친 양국 간의 분쟁에 뒤따른 것이었다.

이에 소련 외무성은 즉각 반발하였다. 이들은 영국 주재 소련 외교
관들이 영국의 안보에 위협이 되는 행동을 하고 있다는 주장은 전적으
로 날조된 것이라고 말하였다. 그러면서 영국이 소련과의 정상적인 관
계를 유지 · 발전하려면 이러한 조치를 취소해야만 할 것이라고 압력을
가하였다.

하지만 영국의 결정은 번복되지 않았다. 더군다나 이 결정이 난 지

사흘 만인 9월 27일 도일은 이 주장을 뒷받침하는 기자회견을 가졌다. 그는 영국과 프랑스 공동제작 초음속기인 콩코드 개발을 추진하던 회사에 근무하고 있었다.

도일은 영국에서 활동 중인 소련 간첩들이 자신에게 16피트 규격의 미사일 1기를 훔쳐 내도록 압력을 가했다고 하였다. 또한 그는 소련 간첩들로부터 콩코드에 대한 비밀정보를 제공해 달라는 부탁과 함께 1만 달러의 사례금까지 받았다고 말하였다.

그는 미사일을 훔치는 일은 중대하다고 판단하여 그것에 대해서는 거절하였다고 하였다. 하지만 문서 유출에 대해서는 대수롭지 않게 생각하여 이후 1년 동안 소련 간첩들에게 콩코드 관련 정보를 제공했었다고 자백하였다.

결국 소련의 간첩 행위가 사실로 드러난 꼴이었다. 하지만 소련은 오히려 영국의 외교관 추방에 대해 항의하며 이에 대한 보복 조치를 내렸다.

그해 10월 8일 소련 부외상 바실리 쿠즈네초프는 소련 주재 영국 대사 존 칼릭 경에게 일부 영국인들이 본래의 임무에서 어긋난 행위를 해 왔다는 사유서를 전달하였다. 이에 따라 5명의 소련 주재 영국 외교관 및 실업인에게 추방령이 내려졌고, 13명에게는 재입국 금지령이 내려졌다.

또한 소련은 이듬해인 1972년 2월에 예정되었던 더글라스 흄 영국 외상의 소련 방문과 소련 고위 관리들의 영국 방문 계획을 각각 취소하였다.

이로 인해 소련 주재 영국 대사관의 규모는 약 1/10로 축소되었으며, 영국과 소련의 관계는 한동안 크게 악화되었다.

이후에도 영국과 러시아는 스파이 공방을 지속적으로 벌이며 외교관 추방 조치를 강행하였다. 1994년에는 러시아가 영국의 정보 책임자를 추방하자, 영국도 이에 대응하여 곧바로 러시아 정보 요원 1명을 추방했다. 1996년에도 러시아는 영국 첩보 기관에 기밀을 넘긴 혐의로 자국인 플라톤 아부호프를 체포한 뒤 그와 관련된 영국 외교관 4명을 추방했다. 이에 영국도 4명의 러시아 외교관을 추방하면서 맞섰다.

또한 2006년에는 러시아 연방보안국이 영국 외교관 4명을 스파이 활동 혐의로 추방하려 하자, 영국 외무부도 자국 내 러시아 대사관 직원 중 선별 추방 대상을 물색하기도 하였다.

1953년 9월 24일

세계 최초의 시네마스코프 영화 「성의」, 미국에서 개봉

1953년 9월 24일 세계 최초의 시네마스코프Cinema-scope 영화 「성의The Robe」가 미국에서 개봉됐다. 이 영화는 미국 작가 로이드 더글러스의 베스트셀러 동명소설을 각색한 작품이었다. 헨리 코스터가 감독하고 리처드 버튼, 진 시먼즈, 빅터 마추어 등이 출연했다.

영화는 대성공을 거두었다. 곧이어 개봉된 「백만장자와 결혼하기」도 크게 성공하면서 각 영화사들은 앞다투어 시네마스코프 방식을 채택했다.

TV의 등장으로 관객을 빼앗긴 미국 영화업계는 비장의 카드를 준비하였다. 그것이 바로 스크린에 투사되는 화면의 세로와 가로 비율이 일반 스크린 비율인 1:1.33보다 가로가 더 긴 1:2.35가 되게 하는 시네마

스코프였다. 시네마스코프는 와이드스크린 방식으로 70mm 필름에 웅
장한 화면을 담을 수 있었다.

시네마스코프는 TV로는 힘든 '스펙터클'을 보여줌으로써 관객을 다
시 영화관으로 끌어들였다.

이후 1950년대 후반부터 미국에서 개봉한 대부분의 영화는 넓은 화
면에 영사하도록 촬영되었다.

1896년 9월 24일

미국의 소설가 피츠제럴드 출생

개츠비가 품고 있던 그 자신의 꿈이 결국 자신을 먹이로 삼아 물거품이 된
채, 주위에는 더러운 먼지만 일고 있었다.

-프랜시스 스콧 피츠제럴드, 『위대한 개츠비』

프랜시스 스콧 피츠제럴드(Francis Scott Key Fitzgerald : 1896~1940)는
1896년 9월 24일 미국 미네소타 주 세인트폴에서 태어났다.

프린스턴 대학교에 입학한 그는 문학과 연극에 열중하느라 졸업을
하지 못했다. 피츠제럴드는 제1차 세계 대전이 일어나자 군에 들어가
육군 소위로 임관하였다.

그리고 1920년에 첫 작품인 『낙원의 이쪽』을 발표하였다. 이 작품은
미국적 물질주의에 대해 매혹과 환멸을 동시에 나타내는 자전적 성장
소설이라는 평가를 받으며 대단한 성공을 거두었다.

1925년에는 제1차 세계 대전이 끝난 뒤의 미국을 배경으로 미국인들

의 꿈이 왜곡되고 붕괴되어 가는 과정을 그린『위대한 개츠비』를 발표하였다.

『위대한 개츠비』는 미국 현대 문학의 지평을 연 불멸의 걸작이다. 격변하는 사회 속에서 부와 성공의 꿈을 안고 대도시로 몰려든 젊은이들을 등장시켜 20세기 초 아메리칸 드림의 겉과 속을 밀도 있게 그려냈다. 이 작품은 후대의 수많은 작가들에게 잊지 못할 문학적 영감을 선사하였다.

『위대한 개츠비』는 1999년 모던라이브러리 선정 '20세기 100대 영문학' 도서 2위, 2005년『타임』지 선정 '20세기 100대 영문 소설'에 꼽히기도 했다.

하지만 문학적인 성공은 방탕한 생활로 이어졌으며 말년에 피츠제럴드는 알코올 중독자가 되었다.

결국 1940년에 할리우드를 배경으로 한『최후의 대군』을 쓰다가 심장마비로 세상을 떠났다.

1960년 9월 24일

세계 최초의 원자력 항공모함 엔터프라이즈호 진수

1960년 9월 24일 세계 최초의 원자력 항공모함 엔터프라이즈Enterprise호가 미국 버지니아 주 뉴포트 뉴스 조선소에서 진수됐다.

전체 길이 317.6m, 비행갑판 최대 너비 78.3m을 자랑하는 엔터프라이즈호는 80여 대의 항공기와 5400여 명의 승무원이 탈 수 있었다.

그리고 고농축 우라늄 원자로에 의해 터빈기관을 작동시켜 추진하며, 연료의 재공급 없이도 지구를 20바퀴나 돌 수 있었다.

한편 배가 너무 컸기 때문에 배에서 탈영한 병사를 2개월 만에 검거했다는 일화가 전해지고 있다.

엔터프라이즈호는 이듬해인 1961년 11월에 첫 항해에 나섰다. 이후 엔터프라이즈호는 쿠바 미사일 위기(1962), 베트남 전쟁(1971), 이라크 전쟁(2003) 등 전 세계의 분쟁 지역에 파견돼 임무를 수행했다.

2012년 현재 소말리아 해적의 공격 등에 대비해 중동 지역에 머물고 있으며, 12월경에 퇴역 행사를 할 예정이다.

9월의
모든 역사

9월 25일

■
· ·
■

1881년 9월 25일

중국의 사상가 루쉰이 태어나다

이렇게 되고 보니 아Q는 혁명당에 마음이 다소 쏠리지 않을 수 없었다. 더군다나 미장의 사내들과 계집들이 당황해하는 꼴을 보니 아Q는 속이 다 후련했다.
'혁명도 괜찮아. 이 빌어먹을 것들을 혁명을 해서 치워 버려야 해.'

-루쉰,『아Q정전』

현실을 올바로 인식하지 못해 희생당하는 아Q의 비극적 일생을 그린 『아Q정전』은 서구 열강의 침략 앞에 속수무책으로 당하고만 있던 전형적인 중국인의 모습을 형상화하고 있다.

중국 현대 문학의 개척자이며 중국 사실 문학의 창시자로 평가받는 『아Q정전』의 작가 루쉰(魯迅 : 1881~1936)은 문학을 통해 낡은 사상에 젖어 있던 중국인들의 허약한 모습을 낱낱이 드러내어 중국의 식민지적인 상황을 극복하고 중국의 근대화를 앞당기고자 했다. 이것이 루쉰을 문학가로서만 평가하지 않고 사상가로서, 혁명가로서 평가할 수 있는 이유이다.

루쉰은 1881년 9월 25일 중국 저장 성의 지주 집안에서 태어났다. 태어났을 때 이름은 주수인周樹人이며, 루쉰은 그가 37세 때 쓰기 시작한 필명이다.

그가 13세 때 할아버지가 법을 어겨 처벌되자 아버지는 재산을 털어 할아버지를 석방시키고자 하였다. 이 때문에 루쉰은 심한 생활고를 겪어야 했고, 어린 나이에 중국 사회가 가지고 있는 모순을 몸으로 겪었다.

17세 때 루쉰은 고향을 떠나 강남 수사 학당에 들어갔으며, 21세 때인 1902년에는 일본으로 유학을 가서 1904년에 센다이 의학 전문 학교에 입학하였다. 그의 문학 생활은 일본 유학 중이던 1903년부터 시작되었다.

그는 알렉산드르 푸슈킨(Aleksandr Sergeevich Pushkin : 1799~1837), 조지 고든 바이런(George Gordon Byron : 1788~1824), 아담 미키에비치 (Adam Bernard Mickiewicz : 1798~1855) 등의 작품을 번역하여 중국에 소개하였다. 1909년 일본에서 귀국한 루쉰은 베이징 대학, 베이징 여자 사범 대학에서 교직 생활을 하였고, 1915년 9월에 천두수(陳獨秀 : 1879~1942)가 창간한 『신청년』에 단편소설 「광인일기」를 발표하였다.

이때부터 그는 중국 문단을 이끄는 작가가 되었으며, 5·4 운동 중에는 중국의 신문화운동을 이끌었다. 1921년 12월에는 베이징에서 발행하는 신문인『신보』부록판에『아Q정전』을 연재하였다.

1925년에는 중국 공산당이 주도한 전국적인 반反제국주의 운동에 참여하였으며, 이듬해에는 중산 대학의 교수로 있으면서 공산당원들과 관계를 가졌다. 1927년 4월 국민당 정부의 장제스는 상하이에서 쿠데타를 일으키고 지주·자본가와 연합하여 공산당과 노동조합·농민조합을 불법화하고 탄압하였다.

루쉰은 그해 10월에 상하이로 탈출하여 신문과 잡지에 이름을 숨기고 우익 문단과 논쟁하였다. 그는 1930년에 중국 좌익 작가 연맹이 성립되자 발기인으로 나섰고 우익 작가들과 격렬한 논쟁을 하면서 개혁을 주장하는 산문 및 평론을 발표하였다. 이후 그는 암살의 위험을 느끼고 집필 활동에 전념하던 중에 1936년 폐병으로 사망하였다.

루쉰의 문학은 국민당 정부의 탄압을 피해 상하이로 피난 간 1927년을 기준으로 하여, 전·후반기 두 시기로 구분할 수 있다. 1919년부터 1927년까지 루쉰은 혁명적 민주주의자로서 비판적인 사실주의의 글을 썼으며, 1927년 이후는 사회주의적 사실주의의 방법으로 창작 활동을 하였다.

전반기의 작품으로는 소설집『외침』『방황』, 산문시집『들풀』, 산문집『조화석습』등이 있다. 이 중『외침』에『광인일기』와『아Q정전』이 들어 있다. 이 시기에 루쉰은 러시아 10월 혁명에 큰 영향을 받아 중국 고유의 사실주의에 진보적 문학의 사실주의를 결합시켰다.

후반기의 작품집으로는 소설집『고사신편』이 있고 전투적인 산문을 실은 잡문집으로『삼한집』『준풍월담』『차개정잡문』등이 있다. 이 시기에 루쉰의 글은 사회주의적인 사실 문학의 길로 접어든 모습을 보인다. 특히 『고사신편』에 들어 있는 「물을 다스리다理水」와 「치지 말라非攻」는 대표적인 작품이다.

　루쉰은 두 시기 동안에 모두 33편의 소설을 썼으며, 중편인 『아Q정전』을 제외한 나머지는 모두 단편이다. 그는 위기에 빠진 조국의 운명을 바로잡고 국민을 깨우치기 위해, 대중이 쉽게 받아들일 수 있고 발표에 부담이 적은 단편 소설을 선택하였다.

　루쉰은 글을 통해 중국의 혁명을 꿈꾸었으며, 그것은 현실에 대한 냉철한 깨달음에서 시작되었던 것이다.

　조국을 바라보니 황제가 신음 소리를 뱉고, 백인 놈들이 춤추며 날뛰고 있다. 그들의 발자국이 미치는 곳마다 요구가 뒤따르고, 광산 채굴권을 얻은 다음에 드디어 세력을 몰래 침투시키고 있으니, 여기든 저기든 모두가 우리 것이 아니다. 중국은 비록 나약하기로 유명하지만 우리들은 진실로 중국의 주인이므로 모두 일치단결하여 산업을 일으킨다면 누가 감히 그것을 막을 수 있겠는가.

　　　　　　　　　　　　　　　　　　　　　　　　　　-루쉰, 『무덤墳』

* 1915년 9월 15일 '중국의 사상가 천두슈, 문학잡지 『신청년』을 창간하다' 참조
* 1919년 5월 4일 '중국, 5 · 4 운동이 발발하다' 참조
* 1927년 4월 12일 '장제스, 상하이에서 반공 쿠데타를 일으키다' 참조

1513년 9월 25일

에스파냐 탐험가 발보아, 태평양 발견

이탈리아의 탐험가 콜럼버스의 신대륙 발견 후, 에스파냐는 점령하는 곳마다 식민지 에스파뇰라를 세웠다. 이에 사람들이 금을 좇아 그곳으로 달려갔으나 금은 없었다.

에스파뇰라 총독은 땀 흘려 농사를 지을 리 없는 그들을 모아 카리브 해 건너 남미 대륙으로 파견할 탐험대를 조직했다. 에스파냐에서부터 황금을 좇아온 30대 중반의 하급 귀족 출신의 바스코 발보아(Vasco Nunez de Balboa : 1475~1519)도 일원이었다. 탐험대는 파나마 해협의 해안에 위치한 다리엔에 남미 대륙 최초의 신도시인 산타마리아 데 라 안티과를 건설했다.

발보아는 그곳의 임시 총독 및 총사령관이 되어 금에 대한 정보를 얻기 위해 인디언들을 고문하고 심지어는 에스파냐의 맹견을 이용해 인디언을 찢어 죽이기까지 했다. 그러던 중 한 인디언으로부터 남쪽 바다에 많은 보물이 있다는 소식을 듣게 되어 그곳을 탐험하기로 했다.

그는 에스파냐에 군대를 요청한 뒤 1513년 9월 1일 탐험대를 이끌고 출발하였다. 정글과 늪지가 가로막고, 적도의 태양이 괴롭혔지만 발보아는 인내하며 나아갔다.

그리고 마침내 파나마 지협을 통해 서쪽으로 나아가 25일 만인 9월 25일 바다에 이르렀다. 그는 이곳을 '남쪽 바다Mar del Sur'라고 명명하고 왕에게 그 주변 지역을 바쳤다. 그곳이 '태평양Pacific Ocean'이었다.

태평양이란 이름은 2년 뒤 이곳을 항해하던, 세계 일주에 성공한 에

스파냐 항해가 페르디난드 마젤란(Ferdinand Magellan : 1480~1521)이
'Mare Pacificum(평온한 바다)'라고 명명한 것에서 유래하였다.

며칠 후에 발보아는 산미겔 만 연안에 도착해 마르델수르를 정복하
였다. 발보아는 이 일로 인해 잠시 국왕의 신임을 얻었다.

하지만 국왕이 다리엔에 파견한 새 총독 페드로 아리아스 다빌라
(Pedro Arias Dávila : 1440~1531)와 갈등을 겪다 결국 1519년 반역죄로
처형당하였다.

* 1492년 8월 3일 '이탈리아의 콜럼버스, 제1차 항해를 떠나다' 참조
* 1519년 8월 10일 '포르투갈의 항해가 마젤란, 세계 일주를 위해 에스파냐
  의 세비야에서 출항하다' 참조

——

1992년 9월 25일

독일의 RMD 운하 완공

——

1992년 9월 25일 라인 강, 마인 강, 다뉴브 강을 연결하는 RMD 운하
가 완공되었다.

운하 공사의 역사는 793년 프랑크 왕국의 2대 왕인 샤를마뉴
(Charlemagne : 742~814) 때까지로 거슬러 올라간다. 샤를마뉴는 큰 강
몇 개를 이으면 유럽 중심부 3,500km를 가로질러 흑해에서 북해까지
항행할 수 있는 지리적 이점을 간파하였다. 하지만 당시에는 기술상의
문제로 성사되지 못하였다.

그러다가 1938년부터 운하 공사 계획을 세우고 본격적으로 공사를

시작하였다. 하지만 운하가 경제적으로 타당성이 없다는 여론에 따라 구간의 40%가량이 뚫린 상황에서 공사가 10여 년간 중단되기도 하였다. 결국 운하 건설을 바라는 지역에 기반을 둔 정당이 집권해 공사를 재개하여 대역사를 겨우 마쳤다.

하지만 우여곡절 끝에 준공된 운하는 122개의 다리와 59개의 수문을 거치고 해발 406m까지 배를 끌어올려야 하는 불편함과 느린 운항 속도로 도로와 열차에 밀려났다. 또한 일부에서는 자연 습지가 파괴되고 말라 버렸다. 흑해의 어류와 식물이 북해까지 진출하는 생태계 교란 현상도 나타났다.

2012년 현재 운하는 예상치를 훨씬 밑도는 물동량을 기록하고 있으며, 이마저도 매년 감소 추세를 보이고 있다.

9월의
모든 역사

9월 26일

■
．
■

1888년 9월 26일

영국 시인 엘리엇이 태어나다

4월은 가장 잔인한 달.

죽은 땅에서 라일락을 키워내고, 추억과 욕정을 뒤섞어, 봄비를 내려 잠든 뿌리를 깨운다.

겨울은 우리를 따뜻하게 했다.

망각의 눈으로 대지를 덮고, 마른 알뿌리로 자그마한 생명을 먹여 살렸다.

-토머스 스턴스 엘리엇,『황무지』1부

　토머스 스턴스 엘리엇(Thomas Stearns Eliot : 1888~1965)은 1888년 9월 26일 미국 미주리 주 세인트루이스에서 뉴잉글랜드 혈통을 지니고 태어났다. 어머니는 시극을 쓴 작가로 그에게 많은 영향을 주었다.

　그는 1906년에 하버드 대학교에 입학하였다. 이 무렵에 시를 쓰긴 했지만 철학, 특히 동양 철학에 관심을 가졌다. 하지만 서양인의 감각을 잃어버릴까 두려워하여 동양 철학 연구를 그만두었다.

　엘리엇은 1914년에 '해외 유학 파견 협회'의 도움으로 독일로 건너갔으며 이후 18년 동안 미국으로 돌아오지 않았다. 그는 1927년 영국인으로 귀화하고 영국 국교로 개종하였다. 1932년에는 미국으로 돌아가 하버드 대학교 시학 초빙 교수로 강의를 하였고, 1933년에는 버지니아 대학교에서 강연도 가졌으나 주로 영국 런던에서 생활하였다.

　엘리엇은 1915년 『시학』 6월호에 「알프레드 프루프록 씨의 사랑 노래」를 발표하였으며, 1917년에 첫 시집 『프루프록 및 그 밖의 관찰』을 발표하였다. 그리고 1922년에 20세기 시단에서 가장 돋보이는 작품의 하나로 평가받는 「황무지」를 발표하여 세계적인 명성을 얻었다.

　「황무지」는 433행의 장시로 1부 「죽은 자들의 장례」, 2부 「체스 게임」, 3부 「불의 설교」, 4부 「물에 의한 죽음」, 5부 「천둥이 말한 것」 등 모두 5부로 구성되어 있다. 그리고 2부를 제외하고 모두 생산과 소멸, 새로운 탄생의 상징으로 구성되어 있다.

　1부에서 엘리엇은 '4월은 잔인한 달'이라고 하면서 몽롱한 잠에서 깨어나야 하는, 은둔자적인 생활에서 세상으로 나와야 하는 아픔을 이야기하고 있다. 하지만 이어지는 구절에 갑자기 여름이 나타나면서 사람들은 다시 살아나고 있다.

여름은 우리를 놀라게 했다. 소나기를 뿌리면서 슈타른베르거 호수를 넘어, 우리는 주랑에 멈춰 섰다. 그리고 햇빛을 받으며 계속 뜰로 나아갔다. 커피를 마시고, 한 시간 동안 이야기를 나누었다.

하지만 마지막 5부에서 주인공이 어부처럼 황무지를 등지고 낚시를 하면서 "하다못해 내 땅이라도 바로 잡아 볼까?" 하며 푸념을 한다.

그리고 단테 알리기에리(Durante degli Alighieri : 1265~1321)와 제라르드 네르발(Gérard de Nerval : 1808~1855) 등의 작품을 인용하면서 "이 단편들로 나는 폐허를 지탱했노라"고 말하며 황무지에서도 희망이 사라지지 않았음을 보여 주고 있다.

엘리엇은 『황무지』를 통해 제1차 세계 대전 후 서구인들의 황폐한 정신적 상황을 이야기하였다.

제2차 세계 대전 전부터 쓰기 시작한 『4개의 4중주』는 시인 자신에 대한 깊은 성찰과 죽음과 영혼의 재생, 신의 은총을 다루었다.

그렇게 나는 여기에 있었다. 길의 한가운데 서서. 20년이 지난 뒤에, 20년을 거의 허송세월로 보낸 뒤에, 두 번의 세계 대전 사이의 세월 동안 언어를 사용하는 법을 익히려고 노력하면서. 그리고 모든 시도는 전혀 새로운 시작이었다. 그리고 전혀 다른 실패이기도 했다. 왜냐하면 우리는 더 이상 이야기할 필요도 없는 사물을 위해 보다 나은 단어들을 익히는 법만을 배웠기 때문이다.

-『4개의 사중주』이스트코너

엘리엇은 『황무지』 이후 다양한 평가에도 불구하고 세계의 현대시를 지배하여 '문학의 독재자'라는 묘한 평가를 받았다. 그리고 시뿐만 아니라 비평에서도 지적 세련미를 앞세워 지난 세대의 영문학 내지 유럽 문학을 재검토하여 새로운 문학 전통을 세웠다.

엘리엇은 1948년 노벨문학상을 수상하였으며, 그의 작품으로는『대성당의 살인』『가족 재회』『에세이 선집』등이 있다.

1965년 77세를 일기로 사망하였다.

—
1960년 9월 26일

케네디와 닉슨,
역사상 최초로 대통령 후보 TV 토론회 개최
—

1960년 9월 26일 밤 8시 반, 미국 시카고에 있는 CBS 방송국 스튜디오에서 역사상 최초로 대통령 후보들의 TV 토론회가 열렸다.

이날의 주인공은 민주당의 존 피츠제럴드 케네디(John Fitzgerald Kennedy : 1917~1963) 후보와 공화당의 리처드 닉슨(Richard Milhous Nixon : 1913~1994) 후보였다.

사람들은 8년간 부통령 후보로 얼굴이 많이 알려진 베테랑 정치인 닉슨의 승리를 낙관했다. 하지만 막상 토론이 시작되자 사람들의 시선은 케네디로 집중됐다.

젊고 건강한 이미지를 부각시킨 옷차림과 화장으로 나선 케네디는 TV 카메라를 정면으로 응시하며 자신감 있는 제스처와 친근한 화법으로 시청자들을 사로잡았다.

반면에 닉슨은 차분한 논리를 앞세워 토론을 이어갔지만 그의 논리적 설명은 감성과 이미지를 전파하는 TV를 통해서는 잘 먹히지 않았다. 더욱이 그는 40대 후반임에도 불구하고 케네디에 비해 늙고 초조한 인상을 주었다.

이날 라디오 청취자는 닉슨에게 후한 점수를 매겼지만 TV는 논리보다 감성과 이미지를 요구하고 있었다. 닉슨은 그걸 몰랐던 것이다.

이후 그해 10월까지 케네디와 닉슨 사이에 4차례에 걸쳐 TV 토론회가 열렸다. TV 토론회는 8,500만 내지 1억 2,000만 명의 미 국민들이 1차례 또는 그 이상 시청했을 것으로 추정될 만큼 국민들의 열띤 관심을 모았기에 선거전에서 중요한 변수로 작용했다.

토론회가 모두 끝난 뒤 상대적으로 뛰어난 용모와 좋은 인상을 내세운 케네디 후보 측이 시청자들로부터 더 호감을 얻었다.

결국 11월에 치러진 대통령 선거에서 케네디는 총 11만 8,550표 차이로 닉슨을 가까스로 누르고, 제35대 미국 대통령에 당선되었다.

* 1963년 11월 22일 '미국의 케네디 대통령이 암살당하다' 참조

1815년 9월 26일

러시아 · 오스트리아 · 프로이센, 신성 동맹 체결

1815년 9월 26일 러시아 황제 알렉산드르 1세(Aleksandr I : 1777~1825)의 제안으로 오스트리아 황제 프란츠 요제프 1세(Franz Joseph I : 1830~1916), 프로이센 왕 프리드리히 빌헬름 3세(Friedrich Wilhelm III : 1770~1840)가 프랑스 파리에 모여 '신성 동맹'을 체결했다. 국제 평화와 질서 유지를 위한

다는 명분이었다.

이후 알렉산드르 1세는 이슬람교도인 터키 황제를 제외한 유럽의 모든 군주에게 가맹장을 보냈다.

이 동맹의 골자는 '각국의 군주가 성서 말씀을 바탕으로 서로 형제처럼 사이좋게 지내며 서로 돕고, 자기 나라의 신민臣民에 대해서는 가부家父와 같이 동포애의 정신에 따라 이를 지도하며, 신앙 · 평화 및 정의를 옹호한다'는 내용의 지극히 관념적 · 비현실적인 것이었다.

하지만 당시 최강대국이었던 러시아의 비위를 거스르지 않기 위하여 로마 교황, 그리고 영국 왕을 제외한 모든 유럽의 군주가 이 동맹에 참가했다.

영국은 그 취지에 찬성하지만 영국의 국법이 대신의 부서副書를 필요로 한다는 것을 이유로 가맹하지 않았고, 로마 교황은 가톨릭과 합치하지 않는 신교新敎 제파諸派를 동일시하고 있다는 것을 이유로 가맹을 거절했다.

이렇게 이루어진 신성 동맹은 1823년 미국 대통령 제임스 먼로(James Monroe : 1758~1831)가 아메리카에 대한 유럽의 간섭을 거부하는 '먼로 선언'을 하고 그 전후로 라틴아메리카 나라들이 공화제로 잇달아 독립하면서 타격을 받기 시작했다.

결국 1825년 알렉산드르 1세가 사망한 뒤 그리스 독립을 둘러싼 각국의 이해 대립으로 1825년 동맹은 와해되었다.

 * 1823년 12월 2일 '미국의 먼로 대통령, 먼로주의를 발표하다' 참조

9월의
모든 역사

9월 27일

■
■
■

1940년 9월 27일

독일 · 이탈리아 · 일본, 3국 동맹에 조인하다

독일 · 이탈리아 · 일본은 베를린에서 "현재 유럽이나 중일전쟁에
관련되지 않는 어떤 국가에 의한 공격이 있을 경우 모든 정치적, 경
제적, 군사적 수단을 동원하여 상호 지원할 것"이라는 3국 동맹axis
powers에 서명하였다.

제2차 세계 대전은 1940년 6월 독일이 프랑스를 점령함으로써 독일에게 유리하게 돌아가고 있었다. 영국이 유럽에서 사실상 마지막으로 대항하고 있는 국가였다. 하지만 영국의 지리적인 요건과 막강한 해군·공군으로 인해 독일 나치당의 총통 아돌프 히틀러(Adolf Hitler : 1889~1945)는 쉽게 공격 명령을 내리지 못했다.

그러다가 그해 8월 8일, 독일은 런던에 대대적인 공습을 감행했다. 그 당시의 광경을 한 영국 시민은 이렇게 말했다.

"런던 하늘을 뒤덮었던 독일 폭격기들이 사라지자 갑자기 마치 핏빛으로 물든 거대한 버섯 같은 검은 연기 기둥이 햇살이 쏟아지는 하늘로 치솟았다. 바람 한 점 없는 하늘에 잠시 머무는 듯하던 연기 기둥이 서서히 퍼지기 시작하자 불바다가 된 런던 시가지에서 치솟는 시커먼 연기들이 그 연기 기둥과 합쳐지기 시작했다."

독일의 공습으로 이듬해 6월까지 4만 명에 이르는 영국인이 사망하였다. 한편 이에 앞서 독일·이탈리아·일본은 1940년 9월 27일 베를린에서 3국 동맹을 맺어 전쟁은 3국 동맹국과 연합국의 대결 구도로 흘러갔다.

이탈리아는 그해 9월에 수에즈 운하를 얻기 위해 북아프리카를 침공하였고 10월에 그리스를 침공하였지만 실패하였다. 독일 역시 영국 공습을 계속하였지만 큰 전과를 올리지 못해 10월부터는 작전을 바꾸어 동유럽으로 시선을 돌렸다.

1941년 5월까지 독일군은 소련 공격의 전진 기지라 할 수 있는 유고슬라비아·그리스·루마니아 등의 발칸 반도 국가들을 점령하였다.

그리고 6월 22일 독일은 선전포고도 없이 동맹국인 소련과 결별하고 소련을 침공하였다. 소련의 풍부한 자원과 식량, 동유럽 처리를 둘러싼 갈등, 영국 공격을 위한 동부 전선 안정 등의 이유가 침공의 원인이었다.

독일군은 11월 20일 모스크바 근처까지 진격하였으나 결국 저항에 부딪혀 12월 8일 후퇴할 수밖에 없었다. 나폴레옹이 '위대한 알 수 없는 나라'라고 말했던 것처럼 소련은 꿋꿋이 공격을 버텨냈다. 독일의 소련 침공 실패로 전세는 연합국 측으로 기울기 시작했다.

이에 앞서 12월 7일에는 일본이 진주만을 공격함으로써 세계 대전은 하나의 전쟁으로 합쳐졌고, 미국은 전통적인 고립 정책을 버리고 전쟁에 참여하였다. 비록 1941년에 미국이 독일 잠수함의 공격을 받기는 했어도 형식적으로는 교전국이 아니었다.

그러나 일본의 진주만 공습이 있던 다음 날 미국 의회는 일본과 전쟁 상태로 들어가는 것을 허락하여 미국의 참전이 이루어진 것이다. 결과적으로 미국의 참전은 전쟁의 중심축을 바꾸어 놓았다.

미국은 1942년 봄, 미드웨이 전투에서 일본군에 결정적인 승리를 거두었다. 또한 11월에는 아프리카에서 영국과 연합하여 에르빈 롬멜(Erwin Johannes Eugen Rommel : 1891~ 1944)이 이끄는 독일군과 이탈리아군을 공격하여 1943년 초 아프리카 동부와 서부를 장악하였다. 이어서 그해 7월에 연합국은 시칠리아에 상륙하여 9월에 이탈리아 무솔리니 정권을 무너뜨렸다.

이 무렵 소련은 영국·프랑스 등과 제2전선을 이루어 독일군을 단단히 묶어놓았다. 그리고 1944년 6월 6일 연합국이 노르망디 상륙 작전을 감행하여 8월 25일 파리를 해방시켰다. 히틀러는 최후의 공격을 시도했으나 부분적으로 승리만 거두었을 뿐 전세를 바꾸지는 못했다.

1945년 봄에 연합국은 독일 깊숙이 진격하여, 5월 7일 베를린에서 독일의 총사령부 대표들에게 무조건 항복한다는 문서를 받아냈다. 8월 6일에는 일본 히로시마에 원자폭탄이 떨어졌고, 8월 14일에 무조건 항복한다는 일본의 전문이 워싱턴으로 전해졌다.

인류를 파멸의 길로 몰아넣은 제2차 세계 대전은 1945년에 끝났지만, 세계는 냉전Cold War이라는 또 다른 전쟁을 준비해야 했다.

* 1941년 6월 22일 '독일, 소련 침공' 참조
* 1941년 12월 7일 '일본의 진주만 공격으로 태평양 전쟁이 시작되다' 참조
* 1942년 6월 5일 '미국과 일본, 미드웨이 해전을 벌이다' 참조
* 1944년 6월 6일 '연합군, 노르망디 상륙 작전을 개시하다' 참조
* 1944년 8월 25일 '연합군, 프랑스 파리에 입성하다' 참조
* 1945년 5월 7일 '독일, 연합국에 항복 선언' 참조
* 1945년 8월 6일 '미국, 일본 히로시마에 최초의 원자폭탄을 투하하다' 참조

1825년 9월 27일

세계 최초의 철도, 영국에서 개통

영국의 기계기술자이자 발명가인 리처드 트레비식(Richard Trevithick : 1771~1833)은 최초로 증기 기관차를 만들어 운행 실험에 성공하였다. 하지만 제작비와 철도 기술의 문제로 실용화 단계까지는 이르지 못하였다.

하지만 조지 스티븐슨(George Stephenson : 1781~1848)은 1825년 9월

27일 증기 기관차 로커모션호에 승객 600명을 태웠다. 그리고 스톡턴에서 달링턴 사이에 건설된 세계 최초의 여객용 철도 40km 구간을 시속 7~13km의 속도로 달리는 데 성공하였다.

이로써 증기 기관차는 실용화의 길이 열렸으며, 1830년에는 리버풀과 맨체스터 간 45km의 철도가 정식으로 개통되었다.

이후 스티븐슨은 1847년 철도기술자들이 중심이 된 세계 최초의 기계학회Institution of Mechanical Engineers를 창설하고 초대회장에 올랐다.

하지만 그는 이듬해인 1848년 체스터필드에서 사망했다.

1998년 9월 27일

독일 사회당의 게하르트 슈뢰더, 총선에서 승리

1998년 9월, 독일인은 헬무트 콜(Helmut Josef Michael Kohl : 1930~)의 안정이냐 게르하르트 슈뢰더(Gerhard Schröder : 1944~)의 변화냐, 두 가지의 큰 갈래를 놓고 고민하고 있었다. 결국 9월 27일 총선에서 '적색 공포'를 경고하는 콜 총리의 위협을 무시하고 사회당의 슈뢰더를 선택하였다.

이로써 독일은 16년 만에 정권 교체와 함께 독일 정계의 세대교체를 이루었다. 독일인들은 사회보장과 경제의 현대화에 우선한 정책을 공약한 슈뢰더에게 표를 던짐으로써 통일 독일 이후의 경제 부흥을 슈뢰더 정부에게 요구하였다.

하지만 슈뢰더 정부는 이후 4년 동안 독일 정국을 이끄는 동안 실업자 400만 명 시대를 초래한 경제 실정과 서유럽의 우경화 물결 속에 위기를 맞기도 했다.

그러나 다행히도 2002년 유럽대홍수 때 위기 대처 능력을 보여 주었고, 미국의 이라크 공격에 대해 반대 입장을 내세워 당의 지지율을 급속히 끌어올렸다.

슈뢰더는 집권 이후 정통 사회민주주의 노선에서 탈피, 친기업적 색채가 강한 정책으로 돌아서는 정치적 변신을 시도해 온건 좌파의 이미지를 굳혔다. 하지만 오히려 이 이미지로 인해 당의 지지율이 떨어졌고, 당내 좌파들의 강한 저항에 부딪혔다.

결국 7년 간 총리직을 수행한 슈뢰더는 2005년 11월 총리직에서 물러났다. 이후에는 앙겔라 메르켈(Angela Dorothea Merkel : 1954~)이 독일의 첫 여성 총리로 취임하여 내각을 이끌고 있다.

* 2005년 11월 22일 '앙겔라 메르켈, 독일 최초의 여성 총리로 선출' 참조

1981년 9월 27일

프랑스 고속 열차 테제베 첫 운행

20세기 후반 자동차 산업의 발달로 철도 산업이 사양 산업으로 접어들 무렵, 프랑스의 국영 철도 회사는 고속으로 달리는 기차를 개발하여 철도 산업을 재건하고자 했다.

이들은 기술적 한계에 부딪힌 재래식 기차보다는, 혁신적인 기술인 자기 부상식 열차나 자력 부상식 열차를 구상했다. 이에 프랑스의 알스톰사는 자기 부상식 열차인 테제베TGV를 제작하였다.

TGV는 '고속 철도'라는 뜻의 프랑스어 'Train à Grande Vitesse'의 머

리글자에서 따온 이름으로, 1964년 개통된 일본 신칸센에 이어 1981년 9월 27일 세계에서 두 번째로 개통되었다.

이날 TGV는 파리에서 리옹까지의 425km를 250~300km 최고속도로 2시간 40분 만에 주파하였다.

이후 TGV는 1989년에 테제베 대서양선, 1993년에 북선이 개통되었다. 2012년 현재 프랑스의 수도 파리를 중심으로 주요 도시를 거미줄처럼 연결하고 있다.

한편 우리나라는 프랑스 TGV의 제작 기술을 도입하여 2004년에 초고속 열차 KTX를 개통하였다.

9월의
모든 역사

9월 28일

기원전 551년 9월 28일

중국의 사상가 공자가 태어나다

군자는 베풀면서도 낭비하지 않고君子 惠而不費, 힘든 일을 시키면서도 원망을 듣지 않고勞而不怨, 원하기는 하나 탐내지 않고欲而不貪, 태연하나 교만하지 않고泰而不驕, 위엄이 있으나 사납지 않은 것이다威而不猛

– 『논어』 요왈 편

중국은 전설로만 전해오던 3황三皇 · 5제五帝의 시대를 지나 하夏 · 은殷 · 주周의 3대三代로 이어졌다.

주나라는 견융犬戎의 침입을 받자, 유왕의 태자 의구宜臼가 동쪽으로 도망가 기원전 770년에 수도를 낙읍洛邑으로 정하고 주나라를 이었다.

이때 세워진 주나라를 동주東周라 하고, 원래의 주나라를 서주西周라고 한다. 동주는 기원전 256년에 진秦에게 망하고, 기원전 221년에 진나라의 시황제始皇帝가 천하를 통일하였다.

중국사에서는 동주가 세워진 기원전 770년부터 진시황제가 중국을 통일한 기원전 221년까지를 춘추 전국 시대라고 하며, 춘추 전국 시대는 다시 춘추(春秋 : B.C. 770~B.C. 453) 시대와 전국(戰國 : B.C. 452~B.C. 221) 시대로 나눈다.

춘추라는 말은 노魯나라의 역사서인 『춘추』에서 유래한 것이다. 『춘추』는 노나라의 연대기를 공자가 편집하여 편찬한 것으로, 기원전 722년부터 공자가 죽기 직전인 기원전 479년까지의 사건을 기록하고 있다. 전국은 한漢나라 유향(劉向 : B.C. 77~B.C. 6)이 쓴 『전국책』에서 나온 것이다.

공자(孔子 : B.C. 551~B.C. 479)는 기원전 551년 9월 28일 노나라 추읍에서 태어났다. 이름은 구丘이고, '자子'는 존칭어이다. 아버지는 70세의 늙은 숙량흘이고, 어머니는 10대의 어린 징재였다. 조상은 송宋의 귀족 출신으로 내란을 피해 노나라로 이주하였다.

공자가 살았던 춘추 시대는, 동주가 주왕의 권위가 섰던 서주 시대의 영향력을 잃어버리고, 실력을 가진 제후가 패권을 다투는 시대였다. 다만 동주는 형식적이었지만 종교적 권위는 인정받아 하늘에 대한 제사만은 올릴 수 있었다.

춘추 시대 초기에는 제후국의 숫자가 100~180여 국에 이르렀던 것으로 추정되고 있다. 하지만 전쟁과 연합을 통해 넓은 영토와 많은 인구를 가진 대국大國이 나타났다. 특히 춘추오패春秋五霸라고 하여 제齊나라의 환공(桓公 : ?~B.C. 643), 진晉나라의 문공(文公 : B.C. 697~B.C. 628), 초楚나라의 장왕(莊王 : ?~B.C. 591), 오吳나라의 왕 합려(闔閭 : B.C. 515~B.C. 496), 월越나라의 왕 구천(勾踐 : ?~B.C. 465)이 유명하였다. 공자의 노나라는 여기에 속하지 않았다.

공자의 생애에 대해서는 남아 있는 기록이 거의 없기 때문에 공자 사후에 편찬된 『논어』나 『사기』의 「공자세가」 등의 문헌을 통해 부분적으로 알 수밖에 없다. 『논어』 「위정」편에는 유명한 말이 나온다.

나는 열다섯 살에 학문에 뜻을 두었고, 서른 살에는 굳게 섰으며, 마흔 살에는 미혹되지 않았고, 쉰 살에는 천명을 알았고, 예순 살에는 귀가 순해졌고, 일흔 살에는 마음이 하고 싶은 대로 해도 도를 넘지 않았다.

子曰 吾十有五 而志于學 三十而立 四十而不惑 五十而知天命 六十而耳順 七十而從心所欲 不踰矩

또한 『논어』에는 그의 공부에 대한 열정을 알아볼 수 있는 말이 여러 번 보인다.

배우고 제때에 복습하면 또한 기쁘지 아니한가. (「학이」편)
열 집 정도의 작은 마을에도 반드시 충성되고 신용 있기가 나와 같은 사람이 있겠지만, 배우기를 좋아하는 것은 나만 못할 것이다. (「공야장」편)
나는 나면서부터 알고 있는 사람이 아니고 옛것을 좋아하여 그것을 알아

내기에 힘쓰는 사람이다. (「술이」편)

하지만 공자의 집안은 가난하여 공부만 할 수 없었다. 그는 신분이 사士에 속했기 때문에 농사일을 하지 않고 관청이나 귀족 집안에서 낮은 벼슬을 하였다. 기록에 따르면 19세 때인 기원전 533년에 노나라의 관리가 되었다. 이때 공자는 송나라의 기관씨丌官氏와 결혼하여 다음해 아들 이鯉를 얻었다.

이는 잉어라는 뜻으로 노나라 왕이 잉어를 내리자 아들 이름을 이라고 한 것이다. 공자는 20대 초반까지 창고의 장부를 정리하거나 가축을 관리하는 일을 맡았으나, 이후 40세가 되도록 다른 벼슬을 했다는 기록은 남아있지 않다.

공자 나이 24세 때 그의 어머니가 사망하였는데 이때 제자들이 시중들었다고 한다. 그렇다면 그의 이름이 20대 초반에 이미 세상에 알려졌던 것이므로, 이 무렵부터 제자를 두고 가르치는 스승의 길을 걸었을 가능성도 많다. '서른 살에는 굳게 섰다(三十而立)'고 했으니 공부가 깊어지고 경제적으로도 어느 정도 안정되기 시작한 것으로 추측할 수 있다.

공자는 노나라에 반란이 일어나 혼란해지자 35세 때인 기원전 517년에 안정적이고 이상을 펼칠 수 있는 제齊나라로 갔다. 하지만 공자는 그곳에서 뜻을 이루지 못하고 37세에 다시 노나라로 돌아와 제자들을 가르쳤다.

50세가 되자 공자는 천명을 알게 되어(知天命) 정치에 뜻을 두었다. 다음 해인 기원전 501년에 공자는 노나라 중도中都라고 하는 고을의 장관으로 임명되었고, 53세에 노나라 왕 정공定公으로부터 사공司空이라는 벼슬을 받았다.

이때 공자는 정치 개혁을 단행하여, 곧고 정직한 자를 등용하고 관리의 기강을 바로잡았다. 그러자 정공은 공자를 사구司寇의 자리에 임명하고 재상의 실권을 부여하였다. 공자는 다시 사법과 행정, 외교의 분야에서 큰 공을 세웠고 노나라는 비약적인 발전을 이루었다.

노나라가 발전하자 이웃한 제나라는 두려움을 느끼고 공자를 노나라에서 떠나게 할 계략을 꾸미기 시작했다. 그리하여 제나라는 미인 80명과 악사, 그리고 금옥으로 장식한 말 160필을 함께 노나라의 정공에게 보냈다.

이를 본 정공은 너무 좋아 정사를 돌보지 않고 방탕한 생활에 빠져버렸다. 공자는 바로잡으려고 노력하였지만 실패하자, 결국 55세 때인 기원전 497년에 벼슬을 버렸다. 그리고 56세부터 제자들과 함께 세상을 돌아다니면서 이상 정치를 실현하려고 하였다.

공자는 위衛·진陳·조曹·송宋 등 여러 나라를 거쳤다. 그리고 68세에 늙은 몸을 이끌고 마침내 고국으로 돌아왔다. 이때부터 공자는 제자들을 가르치고 책을 쓰는 데 힘썼다. 이때 『시경』과 『서경』을 정리하였으며, 노나라 사관들의 기록을 토대로 『춘추』라는 책으로 정리하고, 예禮에 관한 기록들을 정리했다.

그리고 나이 73세가 되던 해 어느 날 공자는 아침 일찍 일어나 뒷짐을 지고 대문을 지나면서 노래하였다.

"태산泰山이 무너지는가 보다! 대들보는 허물어지는가 보다! 철인哲人은 병들었나 보다!"

자공(子貢: B.C. 520?~B.C. 456?)이 이 노래를 듣고 스승인 공자가 세상을 떠날 때가 된 것 같다고 말하였다. 그 후 공자는 7일 동안 앓아누 웠다가 세상을 떠났다.

한편 공자의 출생 연도는 사마천(司馬遷 : B.C. 145?~B.C. 86?)의 『사 기』에 '노나라 양공 22년(기원전 551년)'이라고 기록되어 있지만, 『곡량 전』『공양전』에서는 '양공 21년(기원전 552년)'으로 되어 있어 오랫동안 논란이 되었다.

그래서 대만 교육부에서는 1085년에 편찬된 『공자가보』를 기준으로 계산하여 공자 탄신일을 양공 22년 음력 8월 27일로 정하였으며, 이를 양력으로 환산하면 기원전 551년 9월 28일이 된다고 결론을 내렸다.

1958년 9월 28일

프랑스, 국민 투표로 제5공화국 헌법을 승인하다

프랑스 인민은 1789년 인권 선언에 의하여 정하여지고 1946년 헌법 전문 에 의하여 확인되고 보완된 인간의 권리와 국민 주권의 원리에 대한 애착 을 엄숙히 선언한다.

-프랑스 제5공화국 헌법 전문前文

1947년 프랑스의 샤를르 드 골(Charles Andr Marie Joseph De Gaulle : 1890~1970) 총리는 반공 단체인 프랑스 국민 연합을 조직하였다. 1951 년에는 이 조직을 제1당으로 성장시켰으나, 1953년 당을 해체하고 정 계에서 은퇴하였다.

하지만 드 골은 1958년까지 프랑스 제4공화국과 수시로 충돌, 대립했다. 그는 제3공화정의 체제적 모순을 재현할 여지가 크다는 이유로 신헌법 거부 운동을 발표하면서 이를 행동으로 옮겼다.

그 후 1958년 알제리 전쟁의 여파로 제4공화국이 붕괴 위기에 처하면서 드 골은 다시 정계에 복귀하였다. 드 골은 그해 6월에 총리에 올라 6개월간 전권을 위임받았다.

그리고 9월 28일 헌법 개정안이 국민 투표에서 압도적인 다수로 통과되면서 10월을 기해 프랑스 제5공화국이 수립되었다. 드 골은 이듬해인 1959년 1월 프랑스 대통령으로 취임하였다.

프랑스 제5공화국 헌법은 제4공화국 시절에 약화된 정부의 권위를 회복하고 입법부에 대한 행정부의 권한을 강화시켰다. 이것은 "공화국의 대통령은 내각의 지원을 받아 국내외 정책의 방향을 결정해야 한다."는 드 골의 의견이 반영된 것이기도 하다.

이에 따라 제5공화국 헌법에서는 대통령의 권한을 크게 확대하고 의회의 역할은 법 제정과 관련된 영역으로 줄였다. 한편 정책을 제안하고 이를 의회의 동의를 얻어 집행하는 등 실질적인 행정 업무를 관장하는 수상은 의회에서 다수당을 차지한 정당을 대표하며, 내각은 항상 의회의 신임을 확보해야 한다.

따라서 제5공화국은 대통령이 행정부를 이끈다는 점에서는 대통령제의 속성을 지니지만 내각의 구성에 의회의 다수당이 참여하고 내각의 정책들이 의회의 동의를 얻어야만 실행될 수 있다는 점에서는 의원내각제의 속성을 가지고 있다.

구조적인 면에서 제5공화국 헌법은 반#대통령제적인 특색을 가지고 있다. 이것은 집행부 권력의 이원적 구조를 의미한다. 즉 대통령과 수상이라는 두 권력의 핵심이 각기 고유의 권한을 행사할 수 있는 제도이다.

이는 강력한 대통령의 권한과 역할을 통해 정치적 분열과 불안정을 방지하는 한편, 수상으로 하여금 의회와의 관계를 유지하도록 하여 대통령 중심제와 의회제를 결합시켰다.

한편 제5공화국 헌법에 따라 막강한 권한을 장악한 드 골 대통령은 1962년 알제리의 독립을 승인하였다. 또한 그해 10월 28일 국민 투표에 따라 대통령 직선제로 개헌을 한 후 1965년 12월 19일 직선대통령에 당선되었다.

이후 조르주 퐁피두(Georges-Jean-Raymond Pompidou : 1911~1974), 발레리 지스카르 데스탱(Valery Giscard dEstaing : 1926~), 프랑수아 미테랑(Francois Mitterrand : 1916~1996), 자크 시라크(Jacques Rene Chirac : 1932~), 니콜라 사르코지(Nicolas Paul Stephane Sarkozy de Nagy-Bocsa : 1955~)를 거쳐 프랑수아 올랑드(Francois Hollande : 1954~)가 제5공화국의 7번째, 프랑스 24대 대통령으로 집권하고 있다.

* 1959년 1월 8일 '프랑스 드 골 대통령 취임' 참조
* 1962년 7월 3일 '프랑스, 알제리 독립 승인' 참조

—

1864년 9월 28일

제1인터내셔널, 영국 런던에서 창립

—

인터내셔널International은 사회주의 계열의 근로자 및 단체의 국제적 조직을 뜻하며, 제1인터내셔널, 제2인터내셔널, 제3인터내셔널, 제4인터내셔널 등이 있었다. 그중에서 제1인터내셔널은 '국제 노동자 연합'이

라고 부른다.

제1인터내셔널은 1864년 9월 28일 영국 런던에서 영국·독일·프랑스·이탈리아 등의 노동자들과 망명자들이 개최한 집회에서 창립되었다. 이 조직은 기존 경제 체제의 해체와 노동자들 행동의 국제적 통일을 맹세하면서 조직된 노동자들 최초의 국제적인 조직이란 점에서 의미가 크다.

독일의 사회학자 카를 마르크스(Karl Heinrich Marx : 1818~1883)와 그의 동료인 프리드리히 엥겔스(Friedrich Engels : 1820~1895)는 이 연합 설립에 이론적 기초를 제공하였고, 마르크스 자신은 총위원장으로 선출되었다.

이 연합은 1872년까지 6회의 대회를 열고 노동조합 운동을 비롯한 노동자 계급 운동의 기본 전술을 정립하였으며, 또한 8시간 노동, 보통 선거권 획득을 겨냥한 운동, 민족 독립 옹호 등의 활동을 하였다.

하지만 1871년 파리 코뮌이 와해되고 난 후 일어난 탄압의 강화와 바쿠닌파의 분파 활동 등으로 조직의 유지가 어렵게 되어, 1876년 해산되고 말았다.

하지만 이 조직을 통해 마르크스주의가 전 세계로 확대되었으며, 1869년 이후에는 유럽과 미국에서 사회주의 정당이 출현하는 계기를 만들어 주었다.

* 1867년 7월 25일 '카를 마르크스, 『자본론』 제1권 출간' 참조
* 1871년 5월 21일 '프랑스 제3공화정, 파리 코뮌을 진압하다' 참조
* 1943년 6월 10일 '코민테른 해산' 참조

9월의
모든 역사

9월 29일
.
.
.

1868년 9월 29일

스페인 혁명으로 이사벨 2세가 망명하다

-작자 미상, 이사벨 2세의 초상화

1492년 10월 스페인의 항해가 크리스토퍼 콜럼버스(Christopher Columbus : 1451~1506)가 아메리카 대륙을 발견하였다. 이후로 스페인은 카를로스 1세(Carlos Ⅰ : 1500~1558), 펠리프 2세(Felipe Ⅱ : 1527~1598)에 이르러 전성기를 맞이하였다.

하지만 펠리프 2세의 후반기로 갈수록 해외 무역에서 영국이 대두하고, 스페인 국내의 정치와 경제는 쇠퇴하였다. 특히 펠리페 2세가 이름 지은 '무적함대'는 엘리자베스(Elizabeth I :1533~1603) 여왕이 이끄는 영국 함대에게 패배함으로써 해상 무역권을 영국에 넘겨주고 말았다.

스페인의 쇠락은 19세기에도 계속되었다. 이 시기에 식민지 각국이 독립을 선언하고 스페인의 지배에서 벗어나기 시작한 것이다. 게다가 1804년 프랑스 황제에 등극한 나폴레옹 1세(Napoléon Ⅰ: 1769~1821)는 스페인을 지배하려는 노골적 야심을 드러냈다.

1807년 프랑스군은 포르투갈 점령 후의 영토를 분배해 주겠다는 조건으로 스페인에 진입하여 전략적인 주요 지역에 진지를 구축했다. 그러자 이에 대항하여 스페인 주민들은 개혁주의자들을 중심으로 반란을 일으켰고, 1808년 3월에 카를로스 4세를 퇴위시킨 뒤 그의 아들 페르난도 7세(Fernando VII : 1784~1833)를 옹립했다.

하지만 나폴레옹 1세는 속임수를 써 페르난도 7세를 발렌사이 성에 유폐하고 자신의 형 조제프 보나파르트(Joseph-Napoléon Bonaparte : 1768~1844)를 스페인 군주로 옹립했다. 그러자 스페인 주민들은 각 지역에서 게릴라전을 전개하며 강력히 저항하였고, 마침내 1814년에 프랑스군을 격퇴하였다.

이후 페르난도 7세는 스페인으로 귀국하여 통치하다가 1833년 9월에 사망하였다. 그 뒤를 이어 3세의 어린 나이에 이사벨 2세(Isabel Ⅱ :

1830~1904)가 스페인 여왕으로 즉위하였다. 이사벨 2세는 페르난도 7
세와 그의 네 번째 아내인 양시칠리아의 마리아 크리스티나(Cristina de
Borbón-Dos Sicilias : 1806~1878) 사이에서 태어난 딸이었다.

스페인은 18세기 이래로 살리카 법에 의거해 여자 후계자의 국왕 즉
위를 금지하고 있었으나 1830년 페르난도 7세가 이 법을 폐지하고 여자
도 국왕이 될 수 있는 기존의 왕위계승법을 택했다.

그러자 원래의 왕위 계승자였던 카를로스 백작은 이에 반발하여, 스
스로를 카를로스 5세라고 칭하고 전쟁을 일으켰다. 의회와 주요 정당의
자유주의자들은 이사벨을 지지했고, 교회와 귀족층으로 대표되는 보수
주의자들은 카를로스를 지지하였다.

이 왕위 계승 전쟁은 7년에 걸쳐 이어졌고, 카를로스 측이 우세했던
초반과는 달리 점차 상황이 이사벨 2세에게 유리하게 돌아갔다. 결국 이
사벨 2세는 1839년 전쟁에서 승리해 왕위를 지켰다.

하지만 이사벨 2세는 35년 동안 집권하면서 6개의 헌법을 공포하고,
41번이나 내각을 개편했으며, 15번의 군사반란을 겪었다. 그만큼 정치
상황이 매우 어지러웠다. 또한 그녀는 확실한 자신의 편을 만들지 못하
고 보수반동 정치를 펼쳤으며 특히 외교 정책에서 실패를 보였다.

결국 1868년 프란시스코 세라노 장군과 후안 프림 장군의 봉기로 스
페인에서 혁명이 일어났다. 이것은 단순한 쿠데타가 아니었다. 선동가들
에게 고무된 무산 계급이 병역과 조세를 감면하고 소작농에게는 경지를
노동자에게는 작업장을 소유할 수 있게 해 주리라는 희망에 부풀어 공
화제를 지지한 사상 혁명이었다.

그해 가을 결국 이사벨 2세는 강제 폐위되어 프랑스로 망명했다. 9월
29일의 일이었다. 그리고 이름뿐인 스페인 왕위를 자신의 아들인 아스투

리아스 공 알폰소에게 양위했지만 스페인에서는 이를 인정하지 않았다.

결국 스페인의 왕위는 사보이 왕가의 아마데오 1세(Amadeo Ⅰ : 1845~1890)가 이어받았다. 하지만 그는 공화주의자들의 거센 항의를 받아 즉위한 지 3년 만에 스스로 왕위에서 물러났다.

마침내 1874년 이사벨 2세의 아들 아스투리아스 공 알폰소가 알폰소 12세(Alfonso Ⅻ : 1857~1885)로 즉위하였다. 이때서야 이사벨 2세는 스페인으로 건너올 수가 있었다.

하지만 이사벨 2세의 정치 개입을 우려한 스페인 측에 의해 다시 프랑스로 쫓겨났다. 결국 1904년 4월 이사벨 2세는 파리에서 사망하였다.

* 1588년 5월 30일 '스페인 무적함대의 마지막 배가 영국 해협을 향해 출항하다' 참조
* 1588년 7월 21일 '스페인 무적함대, 영국 함대와 해전을 벌이다' 참조

—

1913년 9월 29일

디젤 기관 발명가 디젤 실종 사건 발생

—

1913년 9월 29일 영국행 증기선을 타고 도버 해협을 건너던 루돌프 디젤(Rudolf Diesel : 1858~1913)이 실종되는 사건이 발생하였다.

디젤은 영국에 세워진 디젤 공장을 시찰하러 가는 길이었다. 그는 이날 밤 10시쯤 자신의 선실로 향하면서 다음 날 아침 6시 15분에 깨워달라고 했다. 하지만 그는 10일 후 네덜란드 어선의 선원들에 의해 북해에서 시체로 발견되었다.

　루돌프 디젤은 1858년 프랑스 파리에서 가방 공장을 운영하던 독일인 부모 밑에서 태어났다. 그는 뮌헨 대학교 공과 대학을 졸업하고, 냉동 장치에 대해 연구하던 카를 폰 린데(Carl Paul Gottfried von Linde : 1842~1934) 교수의 조수를 거쳐 파리 냉동기 회사에서 기사로 일했다.

　그리고 그는 당시 연료가 가진 열의 10%밖에 유용한 에너지로 변환시켜주지 못하는 증기 기관 대신 에너지 낭비가 적은 내연 기관 개발에 고민하기 시작하였다.

　그 후 오랜 연구 끝에 디젤은 1897년 자신의 이름을 딴 최초의 실용적인 '디젤 엔진'을 개발했다. 높이 2m가 넘는 이 대형 엔진은 17.8마력의 힘에 열효율이 26.2%에 이르렀다.

　디젤은 이 새로운 기술에 대한 특허를 냈고, '디젤 엔진'이라고 이름을 붙였다. 에너지 효율이 높아 경제적인 디젤 엔진은 폭발적인 인기를 끌었고, 디젤은 순식간에 백만장자가 됐다. 디젤 엔진은 화물트럭, 대형 견인차, 기관차, 선박 등에 두루 이용됐다.

　그는 기술을 독점하지 않고 공개해 적정한 특허료를 내면 누구나 디젤 엔진을 만들 수 있도록 했다. 하지만 디젤 엔진의 인기가 급상승할수록 가솔린 엔진과 증기 엔진 제조업자들의 시기와 중상모략이 끊임없이 이어졌다.

　디젤의 사인은 특허권 시비로 인한 자살로 결론났다. 하지만 암살로 보는 시각도 상당하다. 당시 독일 정부는 잠수함 U보트에 디젤 엔진을 쓸 계획이었고, 적이 될 영국에 디젤 엔진 기술이 넘어가는 것을 반대했다고 한다. 하지만 디젤은 독일의 권고를 거부했다. 이에 독일 정부가 비밀경찰을 동원해 그를 암살했다는 것이다.

　2012년 현재까지도 그의 죽음은 여전히 미스터리로 남아 있다.

1972년 9월 29일

중국과 일본, 중일 공동 성명 체결로 국교 정상화

1972년 9월 29일 중국과 일본은 양국 간의 외교 관계를 회복하기 위해 베이징에서 만나 '중화 인민 공화국 정부와 일본 정부의 공동 성명', 즉 중일 공동 성명을 체결하였다.

이로써 이날부터 양국 정부 간 외교 관계가 수립되었고, 중화민국과의 평화 조약은 일본 측의 일방적 성명으로 '소멸'하였다.

일본은 1949년 중화 인민 공화국(중국)의 성립 당시에 이미 중화민국(타이완)과 평화 조약이 체결된 상태였다. 동서 냉전 구조 하에서 일본은 미국에 동조하여 1972년까지 중화민국을 중앙 정부로 대접해 왔다.

하지만 1971년 7월 헨리 키신저(Henry Alfred Kissinger : 1923~)의 은밀한 베이징 방문과 이듬해 2월 대통령 리처드 닉슨(Richard Milhous Nixon : 1913~1994)의 중국 방문을 계기로 미국과 중국의 교류가 타개되었다.

이에 일본도 1972년 9월 25일 다나카 수상이 방중하여 9월 29일에 중일 공동 성명을 체결함으로써 중국과의 국교 정상화가 실현되었다.

* 1971년 7월 9일 '미국의 키신저, 비밀리에 중국 방문' 참조
* 1972년 2월 21일 '닉슨 미국 대통령 최초로 중국 방문' 참조

9월의
모든 역사

9월 30일

.
.
.

1965년 9월 30일

인도네시아, 9 · 30 사건이 발생하다

수하르토 박물관 전경. 수하르토는 32년 동안 인도네시아를 통치
하면서 각 나라의 정상과 귀빈들로부터 받은 선물들을 모아 방대
한 규모의 수하르토 박물관을 건립하였다.

인도네시아의 수카르노(Sukarno : 1901~1970)는 독립의 아버지라 불릴 정도로 국민들의 추앙을 받았다. 하지만 그는 대통령으로 당선된 후 집권하면서 공산주의에 치우친 이데올로기 정치와 독재 정치로 많은 비판을 받게 되었다.

이에 수카르노 대통령을 추종하는 인도네시아 공산당PKI은 민족주의적이고 보수적 성향을 지닌 육군 장성 위원회 소속 7명의 장군들을 납치하는 작전에 돌입하였다. 이들은 군부가 외국과 결탁하여 수카르노 정권을 무너뜨리려는 음모가 있다는 구실을 내세웠다.

1965년 9월 30일, 대통령궁 경호단장 운퉁 중령은 454대대와 530대대를 주력 부대로 동원하였다. 운퉁 중령은 다음 날 동트기 전에 작전을 끝내고 수카르노 대통령을 라디오 앞에 세워 국민들에게 정당성을 납득시킬 계획을 세웠다.

하림 공군 기지에 작전 지휘부를 차린 운퉁 중령은 자신의 그림자인 아리에프 중위와 무키잔 소위를 납치조로 내세워 10월 1일 새벽 4시 육군 총사령관 야니 대장을 체포하기 위해 출동시켰다. '대통령의 긴급 호출령'을 내세운 납치조와 승강이를 하던 야니 총사령관은 현장에서 피살되었다.

두 번째 수프랍토 장군과 세 번째 파르만 정보사령관은 순순히 납치조를 따라나섰고, 네 번째 소에토조 장군은 포승에 묶여 끌려 나갔다. 다섯 번째 판자이탄 장군과 여섯 번째 하르조노 장군은 저항하다 현장에서 살해당했다. 마지막 일곱 번째, 식민지 독립 투쟁의 영웅이었던 국방장관 나수티온은 이라크 대사관저로 뛰어들어 목숨을 건졌다.

납치된 3명의 장군들은 하림 공군 기지에서 치명적인 가해를 당한 뒤 살해되었다. 하루 동안에만 6명의 군 수뇌부가 사라진 것이었다. 더군다나 이들 6구의 시체는 하림 공군 기지 내 폐우물에 버려졌다.

운통 중령은 예방 혁명에 성공하자 즉시 45명으로 구성된 혁명 위원회를 조직하고 급진적으로 공산당과 제휴하려는 움직임을 보였다. 혁명위의 구성은 반공 민족주의적 세력의 중추였던 나수티온 국방장관 이하의 육군 지도자들을 거의 완전히 제거하기 위한 조치였다.

하지만 전략 예비 사령관 수하르토(Suharto : 1921~2008) 소장은 나수티온 국방장관의 은신처를 확인하고 그를 전략 예비 사령부로 데려왔다. 이날 수하르토 소장은 자신의 손바닥 안에 있는 나수티온 국방장관을 제외하고는 인도네시아에서 최고참 군인이 되었고 동시에 정부를 장악할 수 있는 실질적인 힘을 지닌 유일한 장군으로 떠올랐다.

전세를 다듬은 수하르토 소장은 일단 수카르노 대통령에게 하림 공군 기지를 나와 중립적인 지역으로 옮겨 갈 것을 강요하였다. 결국 이날 밤 수카르노 대통령은 보골로 도망쳤고, 수하르토의 군대는 즉각 하림 공군 기지를 공격했다.

그러자 친親수카르노 쿠데타파의 주력인 530대대는 전략 예비 사령부로 철수했고 454대대는 특전사 차크라브라와의 공격을 받자 순순히 투항함으로써 수하르토 소장은 제압 작전을 무혈로 마무리하였다.

그 뒤 친수카르노 쿠데타 관련자들은 전원 체포되어 군사 법정에서 최고형을 받았고 수하르토 소장은 모든 분야의 실권을 장악하는 실질적인 지배자로 등장하였다.

실권을 잡은 수하르토는 1968년에 정식으로 대통령에 취임하여 반공 정권을 수립하였다. 이후 수하르토는 인도네시아를 1998년까지 32년 동안 장기 집권하면서 부정부패와 독재를 저질렀다. 이에 인도네시아 국민들은 시위 등을 통해 저항하였고, 결국 1998년 5월 수하르토는 대통령직에서 사임하였다.

* 1998년 5월 12일 '인도네시아의 자카르타, 유혈 시위 발생' 참조
* 1998년 5월 21일 '수하르토 인도네시아 대통령 사임 발표' 참조

1961년 9월 30일

경제 협력 개발 기구 발족

제2차 세계 대전이 끝난 후인 1947년 미국 국무장관 조지 마셜(George Catlett Marshall : 1880~1959)은 소위 '마셜 플랜'을 발표하였다. 마셜 플랜에 따라 유럽의 경제 회복 노력을 조정하기 위해 서유럽 국가를 회원으로 유럽 경제 협력 기구OEEC를 설립하였다.

하지만 미국은 급증하는 국제수지 적자로 인해 더 이상 혼자서 서구의 자본주의를 지켜낼 수가 없었다. 또한 개발 도상국의 원조 문제 등 새로 발생한 경제 정세 변화에 함께 대응할 필요가 생겼다.

이에 유럽 18개국과 미국 · 캐나다 등은 1960년 12월 OEEC를 확장 · 개편하여 경제 협력 개발 기구(OECD : Organization for Economic Cooperation and Development) 설립 협정을 체결하였다. 그리고 이듬해인 1961년 9월 30일 OECD가 정식으로 발족하였다.

OECD는 재정 금융상의 안정과 고용 및 생활수준의 향상, 개발 도상국 경제의 건전한 발전, 세계 무역의 다각적이고 무차별한 확대에 공헌하는 것을 목적으로 하고 있다.

OECD의 하부 기관으로 각종 위원회가 있는데, 그중 OECD의 목적

에 대응한 경제 정책 위원회, 개발 원조 위원회, 무역 위원회 등 3개 위원회가 특히 중요한 위치를 차지하고 있다.

OECD는 결정된 사항을 집행할 강제력이 없기 때문에 본질적으로 자문회의의 성격을 가진다. 회의, 세미나 등의 행사와 출판 활동을 통해 자체 계획을 실행하고 있다. 또한 OECD는 격월간으로 『OECD 옵저버』라는 잡지를 발행하는데, 세계 최대의 경제 정보 공급원으로서 경제 문제를 비롯해 다양한 주제에 대해 방대한 양의 정보 자료를 싣고 있다.

2012년 현재 회원국은 30개국이며 본부는 프랑스 파리에 있다. 한편 우리나라는 1996년 12월 가입하여 29번째 정회원국이 됐다.

* 1947년 6월 5일 '미국, 마셜 플랜 발표' 참조

1966년 9월 30일

아프리카의 보츠와나 공화국 독립

보츠와나 공화국은 아프리카 대륙의 남부에 있으며, 잠비아, 남아프리카 공화국 등과 국경을 접하고 있는 내륙국이다.

19세기 초에 유럽에 알려져 1885년 영국 보호령 베추아날란드가 성립되었다. 1956년 영국으로 추방되었던 방과토족의 수장 세레체 카마(Seretse Khama : 1921~1980)가 독립 운동을 위해 귀국하여 1962년 베추아날란드민주당BDP을 결성하였다.

1965년 총선거에서 BDP가 압승하여 카마는 총리가 되었다. 그리고 1966년 2월 런던 제헌 회의를 거쳐 그해 9월 30일 보츠와나 공화국으

로 독립하였다.

초대 대통령으로는 카마가 취임하여 1980년 사망 때까지 대통령으로 종신 집권하였다.

보츠와나 공화국은 츠와나Tswana족이 79%를 차지해 다른 아프리카 국가들에 비해 종족 간 갈등이 거의 없고 민주주의 제도가 발전되어 독재 등의 정치적 불안 요인은 없다.

하지만 전체 인구의 36%가 후천성 면역 결핍증AIDS에 걸려 있어 평균 나이가 33세에 불과하다. 그래서 사망률이 출생률보다 높아 노동 인구가 줄고 있어 빈곤층의 빈곤이 심화되고 있다.

—

1955년 9월 30일

미국의 영화배우 제임스 딘 교통사고로 사망

—

1955년 9월 30일 미국의 영화배우 제임스 딘(James Byron Dean : 1931~1955)이 자신의 자동차인 포르셰를 몰고 자동차 경주장으로 가던 길에 교통사고로 사망하였다. 이때 그의 나이 24세였다.

제임스 딘은 1931년 미국 인디애나 주에서 태어났다. 그는 9세 때 어머니가 암으로 죽었고 아버지는 곧 재혼해 할머니와 고모 손에서 키워졌다. 그는 고교와 대학에서 극단 활동을 하였고, 이후 뉴욕으로 건너가 배우 양성소인 액터스 스튜디오를 다녔다.

그리고 영화감독 엘리아 카잔(Elia Kazan : 1909~2003)의 눈에 띄어 「에덴의 동쪽」으로 영화에 데뷔하였다. 그는 이 작품에서 어두운 가정에서 자란 섬세하고 예리한 청년 '칼' 역을 훌륭히 연기해 내며, 일약

스타덤에 올랐다. 이후 만 1년 동안 「이유 없는 반항」 「자이언트」 등에
출연하였다.

하지만 3번째 영화 「자이언트」 촬영을 끝내고 경주장으로 가던 길에
미국 로스앤젤레스 근교에서 마주오던 차와 충돌하여 그 자리에서 사망
하였다.

사망 후 제임스 딘의 고향 인디애나 주에는 무려 26개의 팬클럽이
생겨났으며, 기념재단이 설립되었을 정도로 그는 청춘의 고독, 절망, 반
항의 상징으로 우상화되었다.

9월의 모든 역사_세계사

초판 1쇄 인쇄 2012년 9월 1일
초판 1쇄 발행 2012년 9월 5일

지은이 이종하

펴낸이 김연홍
펴낸곳 디오네

출판등록 2004년 3월 18일 제313-2004-00071호
주소 121-865 서울시 마포구 연남동 224-57
전화 02-334-7147 **팩스** 02-334-2068
주문처 아라크네 02-334-3887

ISBN 978-89-92449-98-4 03900